M. Basilea Schlink: Im Sog der Verführung unserer Zeit

W0229872

M. Basilea Schlink

IM SOG DER VERFÜHRUNG UNSERER ZEIT

Evangelische Marienschwesternschaft
Darmstadt-Eberstadt

ISBN 3 87209 439 4
1. Auflage 1975
© Verlag Evangelische Marienschwesternschaft,
61 Darmstadt-Eberstadt
Alle Rechte vorbehalten – Printed in Western Germany

INHALT

Stunde der großen Verführung

Eine Szene, die sich heute oft wiederholt: zwei Jugendliche auf einem Schulhof. Der ältere Junge ist dabei, den jüngeren zu überzeugen, daß man sich aus den stumpfsinnigen Alltagszwängen losreißen und die große Freiheit finden kann. Der andere wird neugierig – nach so etwas sehnt er sich schon lange – und läßt sich von dem älteren in dessen Clique einführen. Die Haschischpfeife wird herumgereicht. Er fühlt sich wohl und möchte daher auch nicht nein sagen, als ihm die erste harte Droge angeboten wird – zum Probieren natürlich kostenlos. Die ersten Versuche mit der Spritze scheinen seine Hoffnungen auch zu erfüllen. Nachdem aber die Wirkung nachläßt, muß er die Dosis erhöhen, bis er nicht mehr davon lassen kann. Er ist süchtig geworden. Die Spritze, die ihm die Freiheit versprach, hat ihn versklavt. Er ist zum Verführten geworden wie vor ihm der, der ihn jetzt verführte. Beide sind betrogen, sind „Reingefallene".
Jugendliche sind meist zu unerfahren, zu neugierig, um Verführung sofort zu erkennen. Doch Erwachsene sollten urteilen und unterscheiden können. Wer einer Verführung unterliegt, hat sich als schwach und charakterlos erwiesen, als leicht zu beeinflussen. Außerdem muß ein Verführter und Irregeleiteter immer in irgendeiner Form büßen, daß er sich verführen ließ. Denn Verführer arbeiten stets mit Unwahrheiten – sie stellen Negatives positiv hin. So sind sie letzten Endes Betrüger, und die Menschen, die ihnen folgen, die Betrogenen.
Es ist nicht von ungefähr, daß einer „der Verführer" genannt wird: Satan. Von ihm kommt jede Verführung her. Sein ganzes Bestreben ist, Menschen durch seine Täuschung zu überlisten, um sie dann ins Verderben zu

führen. Er trägt darum auch den Namen „Verderber" und „Lügner". Verführungen durch diesen „alt bösen Feind", den Feind alles menschlichen Glückes, hat es zu allen Zeiten gegeben. Immer wieder sind Menschen solchen Verführungen verfallen, obwohl sie es eigentlich nicht wollten, und haben den Betrug schmerzhaft auskosten müssen.

Doch seit fast zwei Jahrtausenden wird eine Zeit schlechthin als d i e Zeit der Verführung bezeichnet: die Endzeit. Von ihr ist geweissagt, daß „verführt wird der ganze Erdkreis", und zwar von dem „großen Drachen, der alten Schlange, die da heißt der Teufel" (Offb. 12, 9). Im Anbruch dieser Zeit leben wir heute.

Seit dem Anfang der Menschheitsgeschichte zeigte sich die Verführung in der Frage der Schlange: „Sollte Gott gesagt haben?" – Sollte Er dies Gebot gegeben haben? Sollte das, was Gottes Wille in dem Gebot kundgemacht hatte, für Seine Menschenkinder wirklich gut sein? Ist es wirklich ein Weg, auf dem sie wahrhaft glücklich werden, zur Sinnerfüllung ihres Lebens kommen? Führt nicht doch ein anderer Weg zum wahren Glück? Wer weiß, ob Gott, der Adam und Eva das Gebot gab, von den Früchten des einen Baumes nicht zu essen, damit sie nicht sterben, es wirklich aus Liebe zu ihnen sagte, um ihnen Gutes zu tun?

Satan, der Gegenspieler Gottes und Feind Jesu Christi, bietet den vermeintlichen anderen Weg zum Glück an. Er besteht in der Gegenaufforderung: „Eßt ruhig von diesem Baum, denn dann werdet ihr sein wie Gott", also das Größte an Macht und Herrlichkeit erlangen. Eva und nach ihr Adam aßen von dem Baum. Doch statt wie Gott zu sein, göttliches, unsterbliches Leben in höchstem Ausmaß zu finden, Erweiterung ihres Lebensbereiches, widerfuhr ihnen die größte Einschränkung. Statt dem unsterblichen Gott gleich zu werden, waren sie von nun an dem Tod verfallen. Statt höchste Erkenntnis und damit Macht, Sinnerfüllung und Freude zu finden, standen sie unter der Beschränkung eines Erdenmenschen mit viel

Leid, Schmerzen, Mühsal, Krankheit und Tod. Als die Verführten waren sie die Betrogenen.

Hinter diesem scheinbaren Wortgeplänkel der Schlange verbarg Satan in Wirklichkeit seinen erbitterten Kampf gegen Gott und zugleich seinen Angriff auf das Glück der Menschen. Das wiederholte sich von da an durch alle Zeiten bei den gefallenen, nun sterblichen Menschen. Aber am Schluß der Zeiten — so ist geweissagt und so erleben wir es heute — setzt der Gegenspieler und Feind Gottes alles auf eine Karte, die ganze Menschheit unter die Macht seiner Verführung zu bringen, um sie in seiner Hand zu haben. Während es Gottes einzige Absicht und Ziel ist, Menschen zur Freude, zur Befreiung und Erlösung, Sinnerfüllung und zu höchstem Glück zu führen, trachtet Satan nur danach, sie zum Ruin ihres Lebens und Glückes zu bringen und sie dann — wenn er sie in seine Hand bekommen hat — ewig zu quälen.

So schießt der Verführer, der heute gleichsam wie ein Reiter über die ganze Erde rast, seine Pfeile ab, die wie Drogenspritzen wirken. Nicht nur in einem Volk, sondern in allen Völkern zieht er von Sieg zu Sieg. Er findet anscheinend nirgends mehr Widerstand, besonders nicht dort, wo man es erwartet hätte, in der Kirche Jesu Christi, bei Seinen Jüngern, die eigentlich diese verführerischen Pfeile abwehren müßten. Durch die scheinbar „süßen" Giftspritzen, die man sich willig geben läßt, wird man fasziniert, das zu tun, was der Verführer einem nahebringt.

Er impft den Menschen geradezu ein, was sie tun sollen, was ihnen allein Glück und Heil bringen würde: Enthemmung, Befreiung von jedem Zwang, Aufhebung aller Autorität, Ablehnung jeglichen Kreuzes. Denn er ist ein Feind des Kreuzes Jesu Christi und damit jedes Kreuzes im Leben eines Menschen. Er weiß: Mit Jesus vereint das Kreuz tragen macht einen Menschen stark, läßt sein Leben voll Frucht und Freude werden, bereitet ihn für eine ewige Herrlichkeit droben. Doch das gönnt uns Satan gerade nicht. Und weil er weiß: Lachen werden die, die hier weinten und Jesus auf dem Weg des Kreuzes folgten, darum gibt er die Parole aus, die sich auch Gläubige in verschiedenen Völkern ganz zu eigen gemacht haben: Leiden ist überflüssig; Gott will das Leiden nicht. Durch dieses falsche Glücksideal verführt er nicht nur die Ungläubigen, sondern auch die Gläubigen, daß sie gegen das Kreuz ausschlagen und damit gegen Gott.

Sein verführendes Wort: „Sollte Gott gesagt haben?" spricht Satan aber heute nicht, wie damals die Schlange, nur als Frage aus, deren zersetzende Wirkung langsam in die Herzen dringt. In unserer Zeit, in der er mehr und mehr zur Macht über die ganze Menschheit kommt, ruft er es vielmehr höhnisch und herausfordernd aus. Ja, oft verbindet er damit die Lästerung, daß alles, was als Willenskundgebung, Gebot Gottes weitergegeben würde, nie gesagt worden sei, denn ein Gott, wie ihn die Bibel aufzeige, existiere nicht. Und doch bekundet dieser Verführer zugleich, daß Gott lebt, sonst brauchte er Ihn nicht so zu hassen und zu lästern, sonst hätte er es nicht nötig, die Seinen so zu verfolgen.

Weiter argumentiert der Feind: Selbst wenn ihr bei der Annahme bleibt, dieser Gott lebe doch, sollte Er dann gesagt haben, daß Seine Gebote für jedes Zeitalter gültig sind? Wer daran festhält, zeigt, daß er ein unmündiger, altmodischer, rückständiger Mensch ist. Er braucht noch einen Gott, eine Autorität, die ihren Willen in Geboten kundgibt, denen man zu gehorchen hat. Das ist völlig überholt in einer Zeit, die den Namen „antiautoritäres Zeitalter" trägt und in der die Menschen „mündig" geworden sind. Es macht sich also jeder — weithin auch unter Christen — lächerlich, der in dieser Zeit solch „mittelalterliches" Denken über Gott festhält. Der Pfeil des Verführers ist abgeschossen, und die Menschen merken nicht, daß sie dann, wenn sie ihren „mittelalterlichen Gott" fallen lassen, nicht zu freien Menschen geworden sind, sondern abhängig vom Gegenspieler des Herrn Jesus Christus. Sie kommen mehr und mehr unter eine andere Herrschaft, die Tyrannei Satans.

Satan greift also Gottes Autorität an, um sich selbst an Seine Stelle zu setzen. Er kämpft gegen jede Autorität, um nun selbst d i e Autorität für die Menschen zu werden, die er verführen kann. Satan untergräbt die Gebote, die Willenskundgebungen Gottes, und ersetzt die wahren Gebote durch eigene, denen die Menschen dann unterworfen sind. Zunächst wirkt das „freiere Leben" sehr verlockend, weil seine Reize die gefallene menschliche Natur ansprechen, wenn es z. B. heißt: Lebe ohne falsche Hemmung, befreie dich vom zwanghaften Gewissen, erfahre die Lösung von jeder Verkrampfung! Der Mensch ist zur Freiheit von jedem Zwang bestimmt – Triebe sind da, um betätigt und ausgelebt zu werden. Doch wie sieht in Wirklichkeit die Freiheit der Verführten aus? Daß alle, die auf des großen Lügners Proklamationen von der Befreiung hereinfielen, irgendwie unter Bedrängnis und Zwang, in Unheil enden, läßt sich in verschiedensten Lebensbereichen aufzeigen.

Der listige Verführer lockt aber mit seiner Mißtrauen säenden Frage: „Sollte Gott gesagt haben?" jeden genau an der Stelle, an der er am schwächsten, am versuchlichsten ist. Darum ist es für uns, die wir in dem Zeitalter leben, da die Bewohner des ganzen Erdkreises wie nie zuvor verführt werden, von entscheidender Wichtigkeit, Satans Verführungen an den zentralen Schnittpunkten des Lebens unserer Zeit zu erkennen, zu durchschauen und zu entlarven. Dazu will diese Schrift mithelfen; denn – so sagt es Jesus – es ist die Absicht Satans mit allen seinen Machenschaften in der Endzeit, „daß verführt werden in den Irrtum (wo es möglich wäre) auch die Auserwählten" (Matth. 24, 24).

Verführung im religiösen Bereich:

Sollte Gott gesagt, dies Gebot wirklich gegeben haben: „Du sollst keine anderen Götter neben mir haben" (2. Mose 20, 3)? Sollte Gott, der doch die Liebe ist, das so ausschließlich gemeint haben? Liebt Er nicht auch die Menschen mit anderen Religionen? Sollte Gott gesagt haben, daß wir ihnen nicht brüderlich die Hand reichen, wie es bei der Weltkonferenz der Religionen für den Frieden in Loewen 1974 von Christen, Buddhisten, Hindus, Moslems und weiteren Vertretern von 50 Religionsgemeinschaften beschlossen wurde: „... daß jetzt die lange Ära der stolzen Isolation der Weltreligionen, die oft sogar voller Vorurteile war, für immer vorbei ist. Wir sind entschlossen, in Zukunft der Menschheit gemeinsam zu dienen ..."

Bringt das nicht den wahren Frieden, zu dem Jesus als Friedefürst immer aufruft? Ist es nicht Zeichen vorurteilsfreien gegenseitigen Dienens, wenn wir Christen aus anderen Religionen das Beste mit aufnehmen, von ihnen lernen, zum Beispiel von den östlichen Meditationserfahrungen? Sollte Gott nicht auch gesagt haben, daß Er überall zu finden sei, im ganzen Weltall und in jedem Menschen? So spricht der Verführer, der hier in Aktion ist, und seine „religiöse" Drogenspritze fasziniert die Welt.

Östliche Angebote asiatischer Kultur und Hochreligionen dringen vor in unsre Städte und Dörfer, Bildungseinrichtungen und Glaubensgemeinschaften. Zen, Yoga und Transzendentale Meditation sind das moderne Dreigestirn fernöstlicher Irrlichter.

Fanatisierte Gläubige propagieren in vielfacher Werbung die buddhistischen Erlösungslehren Hare Krishnas und des Koreaners Mun mit seiner Vereinigungskirche, der „Gesellschaft zur Vereinigung des Weltchristentums".

Bestrebungen der ökumenischen Zentrale des Weltrats der Kirchen zielen auf eine Welteinheitskirche, die dann einer interreligiösen Weltgemeinschaft den Weg bereiten wird.

Doch von all diesen verführerischen Angeboten kann man nicht „das Gute lernen", etwa die Meditation. Hier wird vielmehr die Sehnsucht der Menschen nach Entspannung auch körperlicher Art einerseits und geistlicher Konzentration und Stille andererseits mißbraucht durch eine religiöse Technik, die die Auslöschung der Personmitte anstrebt: Der Zen-Meditierende zum Beispiel versucht sich von der Welt des Vielfachen zu lösen, „frei von Gedanken zu werden", um im Grunde seines Wesens Gott zu „ertauchen". Im Zustand der „Erleuchtung" fühlt er sich schließlich mit der Wahrheit identisch, wird sich selbst zum absoluten Maßstab – dies alles auf der Basis einer buddhistischen Seinshaltung.

Yoga lehrt in etwas anderer Weise die „Selbstfindung" und Öffnung für die Kräfte des Universums. Dies führt unweigerlich in den Bereich der okkulten Mächte, der Dämonen, denn Yoga ist keine „neutrale Methode", sondern unlöslich verbunden mit den heidnischen Gottheiten, die hinter der hinduistischen Tradition stehen. Das Ende dieser Verführung ist schließlich, daß man unter den Einfluß Satans kommt und von ihm geknechtet wird. Dann hat Satan sein Ziel erreicht.*)

Wie sehr ist dem Verführer im religiösen Bereich seine Verführung bereits gelungen! Er bringt Millionen mit fromm klingenden Worten wie etwa „Meditation" unmerklich und sicher in seine Hand. Daß Satan, der Verführer, der Inspirator dieser „Harmonie und Glück versprechenden Lehre" ist, ist schon vielfach offenbar geworden. Hatten Menschen die okkulten, dämonischen Mächte, die hier wirksam sind, erkannt und versuchten, sich aus den Yogagruppen und ähnlichen Kreisen zu lösen, dann wurden sie bedroht.

Beim Senat der Vereinigten Staaten wurde schon eine

---

*) Siehe auch im gleichen Verlag M. Basilea Schlink, Christen und die Yogafrage.

Resolution eingereicht, nach der allen Amerikanern die Transzendentale Meditation anempfohlen werden soll. Die starken internationalen Gruppen, von denen dies ausgeht, werden dann vermutlich auch erreichen, daß solche, die sich dagegenstellen, angefeindet und bekämpft werden. Dies ist die Kehrseite der Verführung zu einer alle Religionen umfassenden Gemeinschaft des Friedens, da man sich scheinbar eint auf dem Fundament aller Religionen, der Meditation.

„Einheit der Religionen – weltumfassende Ökumene!" Ein Wort, das uns scheinbar die so lang ersehnte Einheit der Christen ankündigt. Doch hinter den verführerischen Parolen offizieller ökumenischer Institutionen wird sichtbar, wie diese „Einheit" und scheinbare Befreiung aus aller Spaltung in Wirklichkeit zum Zwang führt. M. M. Thomas, Vorsitzender des Zentralkomitees des Ökumenischen Rates, formulierte es 1971 in Addis Abeba so, daß „diejenigen Kirchen, welche die Ethik der Weltgemeinschaft verwerfen, der Häresie (Ketzerei) zu bezichtigen sind, nicht nur der sittlichen, sondern eindeutig auch der theologischen".[1])

Ist es aber nicht Erfüllung des Liebesgebotes Jesu, daß der Weltrat der Kirchen die Einheit im Eintreten für die Belange der Menschen sucht, besonders für die Belange der Unterdrückten auf sozialem, rassischem und völkischem Gebiet? Sicher sollen wir uns als Christen für Arme und Bedrängte einsetzen, ihnen helfen, doch nicht – wie es geschieht – durch eine „Theologie der Revolution" und eine Strategie der Gewalt, mit der Folge, daß von führenden Ökumenikern eine Guerilla-Taktik empfohlen wird. Der Weltkirchenrat hat seit 1972 die Summe von 1,2 Millionen Dollar afrikanischen Befreiungsbewegungen zur Verfügung gestellt, zwar scheinbar zu „friedlichen Zwecken". Doch am Beispiel der gegenseitigen Selbstzerfleischung dieser „Befreiungsbewegungen" in Angola läßt sich ablesen, wie damit letztlich Blutvergießen unterstützt wird.

Die vom Verführer gepriesene „Liebe", die hinter den

vermeintlichen Friedens- und Einheitsbestrebungen steht, entlarvt sich als das Gegenteil von Liebe. In Wirklichkeit wird der andere bedroht und bekämpft. Die proklamierte Toleranz wird zur größten Intoleranz. Und gegen wen ist der Kampf hauptsächlich gerichtet, der dann in Verfolgungen mündet? Gegen die christliche Religion. Das ergibt sich schon daraus, daß die Ökumene mit dem Marxismus zusammenarbeitet, der von der Lehre des Atheismus lebt, dessen Anhänger zu Millionen in glühendem Haß gegen den Gottesglauben und damit gegen die Christen stehen. „Lenin hat die Religion gehaßt von ganzem Herzen ... Bei der Erziehung des neuen Menschen muß man alle Überbleibsel der alten Welt ausrotten, zuerst die Religion, weil sie das Gefährlichste für uns ist" („Wissenschaft und Religion", sowjetische Zeitschrift). Hier wird enthüllt, daß hinter den verführerischen Argumenten: „Einheit der Rassen, Völker und Religionen aus Liebe und Brüderlichkeit" der Verführer und Gegenspieler von Jesus Christus steht; denn Jesu Jünger werden dabei verfolgt. Die Lüge wird offenbar.

Nur Jesu Wort ist die Wahrheit. Er sagt, daß das Gebot, den Nächsten zu lieben, nicht vom ersten Gebot zu trennen ist, Gott, den lebendigen, unsterblichen, allmächtigen Gott, Schöpfer Himmels und der Erde, über alles zu lieben. Wer wirklich Gott so liebt, wie die Heilige Schrift es lehrt, bekämpft nicht eine andere Religion – sie bedrohend und verfolgend. Er liebt die Menschen anderer Religionen mit dem einen Ziel, sie glücklich zu machen. Und glücklich ist der, der gerettet ist vom Zwang der Sünde, die uns das Unglück bringt. Erlösen von Sünde und allem Bösen kann aber nur Jesus, der Erlöser, Gottes Sohn, der Gekreuzigte und sieghaft Auferstandene, die ewige Liebe. In Seiner Liebe, die für uns ins Leiden ging, liegt keine Täuschung. Von Ihm wird keiner betrogen und unterdrückt, sondern erlöst zu einer neuen Kreatur, befreit, um Gott und die Menschen zu lieben.

Jesus ist der Einzige, der in Wahrheit das Angebot

machen kann: „So euch nun der Sohn frei macht, so seid ihr recht frei", nämlich frei von Sünde (Joh. 8, 36). Darum ist es Pflicht der Liebe, den Menschen aller anderen Religionen die frohe Botschaft der Liebe und Erlösung Jesu zu bringen. Denn diese Religionen oder Ideologien sind nur ethische Grundsätze, aus menschlichen Hirnen geboren, in denen keine erlösende Macht ist. Oder sie haben Götzen, von Menschenhand gemacht, hinter denen dämonische Mächte, ja Satan steht, der die Menschen knechtet und ins Unglück bringen will. Doch nur Einer ist Heiland und Retter der ganzen Welt, Jesus Christus. „Und es ist in keinem anderen Heil, ist auch kein anderer Name unter dem Himmel den Menschen gegeben, darin wir sollen selig werden" (Apg. 4, 12).

Er allein als der Sohn Gottes, dem Macht und Gewalt gegeben ist im Himmel und auf Erden, wird die Welt erneuern, wenn Er die Gemeinde Seiner wahren Nachfolger, die Erstlingsschar Seiner Erlösten, zum Ziel gebracht hat. Dann wird Er wiederkommen in den Wolken des Himmels mit großer Herrlichkeit – alle Völker der Erde werden ihre Knie vor Ihm beugen und Ihn anbeten, dem allein Preis, Ehre und Anbetung gebührt. Er wird als der Erste und Letzte Sein Werk der Erlösung der Menschheit zur Vollendung hinausführen; doch nicht auf dem Weg der Gewalt und des Zwanges, der Verfolgung, wie es bei dem Durchsetzungsversuch einer „Welteinheitskirche" unvermeidbar wird, sondern auf dem Weg wahrer, sich für andere opfernder Liebe. Die Aussage der Heiligen Schrift ist wahr und unumstößlich: „Zu der Zeit", nämlich am Ende der Zeit, nachdem der Verführer sich ausgetobt hat, „wird der Herr der alleinige Gott sein und sein Name ‚der einzige‘" (Sach. 14, 9).

Verführung im sexuellen Bereich

Sollte Gott gesagt haben: „Du sollst nicht ehebrechen" (2. Mose 20, 14)? Ja, sollte Gott wirklich gesagt haben, daß Enthemmung, freies Ausleben der Triebe vor, außerhalb und auch innerhalb der Ehe Unzucht ist und zum Unglück, zu einem großen Gericht Gottes führt? So spricht der Verführer und findet Gehör: Man kann sich doch im modernen, wissenschaftlichen Zeitalter nicht nach den alten jüdischen und christlichen Lebensauffassungen richten, das führt nur zur Verkrampfung. Wir sind heute anders, und darum müssen sich die Gesetze und Ordnungen nach unserer Situation richten – nicht wir nach der Enge der alten biblischen Aussagen. Theologen rechtfertigen diese falsche „Situationsethik" und sanktionieren eine „neue Moral".

Die neue Moral, diese Verführung auf sexuellem Gebiet, wird systematisch und planmäßig heute selbst an Kinder herangetragen durch Sexualerziehung im Grundschulunterricht, durch entsprechende Schulbücher, Fernsehstücke und vielerlei Literatur. In einer Reihe von Ländern ist dieser Sexualunterricht schon durch ministeriellen Erlaß eingeführt – zum Teil durchzieht er auch in getarnter Form die verschiedensten Fächer. Als verführerische Begründung wird angegeben, die möglichst frühe Konfrontation der Kinder mit sexuellen Tatsachen sei eine notwendige und positive Maßnahme, um den Kindern eine freie Entfaltung der Persönlichkeit zu sichern.

Doch statt „Befreiung von der repressiven Erziehung", von der gesprochen wird, sind die erschütternden Folgen: Schockphänomene, massive Verhaltensstörungen, verfrühte Sexualbetätigung, erschreckende Zunahme von Geschlechtskrankheiten – in einer guten amerikanischen Schule wird festgestellt: jedes 5. Kind ist davon erfaßt! – und vermehrte Schwangerschaft unter Schulkindern, sittliche Verwahrlosung – und schließlich ansteigende Kinder- und Jugendkriminalität. Die Selbstmorde nehmen rapide zu – bis zur Vervierfachung innerhalb von 10 Jahren –, besonders unter Jugendlichen. Vielfach sind Verführungen auf sexuellem Gebiet und durch Drogen Ursache und Auslösung der Katastrophe. Der Verführer ist entlarvt – statt Glück bringt er Kindern und Jugendlichen Unglück, ja ihren Ruin.

Weil heute aber die meisten das sexuelle Sichausleben verharmlosen und mit menschlichen Bedürfnissen begründen, ja mitmachen, tun es auch viele Gläubige und lassen sich vom Verführer fangen. Ohne daß sie sich dessen bewußt sind, verführen sie dann selbst Kinder und Jugendliche, indem sie diese Sexualerziehung dulden oder sogar bejahen und lehren. Aus Nachgiebigkeit lassen sie zu, daß Kinder am Fernsehen, in Filmen und Illustrierten sich mit diesen Dingen beschäftigen, sie schließlich praktizieren.

Doch wehe, wer andere verführt und damit Satans Werkzeug wird, besonders wenn dies unter Gläubigen geschieht! Er hat diese Seelen, die dann von Satan gequält sind bis in Ewigkeit, auf seinem Gewissen und wird unter das furchtbare Gericht Jesu kommen: „Wer aber einen von diesen Kleinen ... ärgert (zum Bösen verführt), für den wäre es das Beste, daß ihm ein Mühlstein um den Hals gehängt und er ins Meer versenkt würde ..." (Matth. 18, 6). Gottes Urteil über Unzuchtssünden gilt und nicht, was heute Menschen als richtig und zeitgemäß angeben. Auch wenn heute fast jeder so spricht, selbst Gläubige, christliche Jugendleiter, dann bleibt dennoch unumstößlich, was Gottes Wort kündet, nämlich: Unzucht ist Sünde, die in den Tod führt und Gericht und Strafe hier und in alle Ewigkeit bringt – besonders denen, die anderen – Kindern, Jugendlichen, Schwachen – zu Verführern wurden.

„Sehet zu, daß euch nicht jemand verführe – irreführe", sagt der Herr Jesus im Blick auf die Endzeit, unsere Zeit (Matth. 24, 4). „Das wißt und erkennt ihr wohl, daß kein Unzüchtiger und Unsittlicher ... ein Erbteil im Reiche Christi und Gottes hat. Laßt euch von niemand durch leere Worte betrügen, denn um solcher Sünden willen kommt Gottes Zorn (Strafgericht) über die Ungehorsamen" (Eph. 5, 5 u. 6 – siehe auch Kol. 3, 5 u. 6). „Unzüchtige und Ehebrecher wird Gott richten" (Hebr. 13, 4). „Offenbar sind die Werke des Fleisches, der Unzucht, Unsittlichkeit, Ausschweifung ... Von diesen Sünden habe ich euch schon früher gesagt und wiederhole es jetzt: Wer derartiges verübt, wird das Reich Gottes nicht ererben" (Gal. 5, 19 u. 21). „... Weder Unzüchtige noch Götzendiener, weder Ehebrecher noch Lüstlinge, noch Knabenschänder ... werden das Reich Gottes erben" (1. Kor. 6, 9–10).

Daß wir uns doch nicht durch leere Worte betrügen lassen, die vom Verführer stammen; denn wer den Stimmen das Ohr leiht, die von Befreiung, Enthemmung der Triebe als Erlösung von einer „mittelalterlichen Knechtschaft" auf sexuellem Gebiet sagen, trinkt den Glutwein der Unzucht vom Becher der Hure Babylon (Offb. 17, 4 u. 5). Er ist also ein Betrogener; denn nach der Offenbarung ist die Hure Babylon die große Verführerin für diese letzte Zeit, das Weib, das zum Antichristen gehört. Und da nach dem biblischen Sprachgebrauch die „Hure" die von Gott abgefallene „Braut" ist, das abgefallene Gottesvolk oder die abgefallene Kirche, ist ihr Betrug um so größer. Wer aus ihrem Becher trinkt, kommt unter Satans Macht, und furchtbares Gericht wird ihn um der begangenen Sünden der Unzucht willen treffen. Das ist prophezeit und wird sich erfüllen, wie sich die Prophetie des Auftretens der Hure mit dem Becher der Unzucht, aus dem alle Völker trinken und berauscht werden, schon heute erfüllt.

Ja, das Unglaubliche ist wahr geworden: Die große Hure verführt mit ihrer Unzucht nicht nur ein Volk, einen Erdteil, sondern alle Völker, die ganze Erde – etwas nie Dagewesenes. Dann aber ertönt das Wehe über ihr und damit über jedem, der aus ihrem Becher getrunken hat: „Geht aus ihr hinaus, ihr mein Volk, damit ihr an ihren Sünden keinen Anteil habt und von ihren Strafen nicht mitbetroffen werdet ... Mit Feuer soll sie verbrannt werden" (Offb. 18, 4 u. 8). Nachfolge Christi läßt sich nicht vereinen mit satanischen Verführungen und solchem Tun.

Es ist also umgekehrt: Nicht die auf Reinheit achten, verfallen einer falschen, mittelalterlichen, überholten Anschauung, sondern die scheinbar „Befreiten" verfallen den Parolen des Antigottes, der unser Feind, der Feind unseres Glückes ist. Nicht solche, die in Zucht leben nach Gottes Geboten, sind verkrampft, gehemmt, unfrei, sondern die „Enthemmten" erfahren den unstillbaren Feuerbrand ihrer Triebe. Sie werden gepeitscht und gequält von ihrem Drang nach Lustbefriedigung wie Sklaven von einem Tyrannen, oft Tag und Nacht. Ihre Phantasie, ihre Gesundheit und oft auch ihre Familie sind zerstört. In allem sind sie allmählich der Hure versklavt, weil sie berauscht sind vom Glutwein aus ihrem Becher.

Mit dem Eingehen auf die verführerischen Stimmen von der sexuellen Freiheit heute kommt man also unweigerlich unter Satans Gewalt. Das bedeutet, von Jesus abgefallen und damit von Ihm geschieden zu sein, auch wenn man noch zur Kirche und zu christlichen Kreisen gehört. Das innere Leben erlischt, die Liebe erstirbt. Resignierte, gelangweilte Jugend, die keine echte Freude mehr kennt, ist ein Beispiel dafür. Nur wenn wir Jesus lieben und Seinen Geboten folgen, bringt dies wahre und bleibende Freude mit sich. Doch der Unzüchtige ist aus Gottes Reich des Friedens und der Freude ausgeschlossen, auch wenn er meint, noch Anteil daran zu haben – es sei denn, er bekennt seine Sünde, bereut sie und kehrt um. Denn wer gegen Gottes Willenskundgebungen, Seine ewig gültigen Gebote steht, wer das Gebot, keine Unzucht zu treiben, mißachtet, stellt sich gegen Jesus.

Jesus ist der Fleckenlose und Reine, der „Schönste der Menschen" (Psalm 45, 3), voll Adel und göttlichem Glanz. Zu Seinem Bild sind wir geschaffen und erlöst durch Sein Blut – Ihm sollen wir gleich werden, dazu sind wir erwählt (Röm. 8, 29). Welch unbegreifliche, ja größte Erwählung für sündige, armselige Menschen: Jesus, den Sohn Gottes, der nur Licht und Reinheit ausstrahlt, dürfen wir, erlöst von aller Unreinheit und allen Trieben der Unzucht, hier auf Erden durch unser Leben bezeugen und einst ewig bei Ihm in der Herrlichkeit sein.

Ach, daß nicht so viele ihr Erstgeburtsrecht verkauften! Was kann ein Mensch nach diesem kurzen Leben – und jedem von uns ist nur ein Leben gegeben – einsetzen, damit er für Ewigkeiten aus der Hand Satans und dem Höllenpfuhl, wohin die Unreinen nur passen, errettet wäre? Nichts kann er dann geben. Darum heißt es heute, sich vor jedem Blick und jedem Anhören sexuell verführerischer und unreiner Darstellungen zu hüten, ja, sich kategorisch von diesen Dingen abzuwenden. Denn solches übt Macht aus und läßt in die Sünde der Unreinheit fallen. Nur hier auf Erden ist Gnadenzeit, da wir noch unsere begangene Sünde unter Jesu Blut zur Vergebung und Reinigung bringen und ein neues Leben beginnen können (1. Joh. 1, 9).

Wie Jesus damals die Samariterin frei machte, die fünf Männer gehabt hatte und mit dem sechsten gerade in Unzucht lebte – und wie Er Maria Magdalena, die stadtbekannte Sünderin, zu einer wahren Jesusliebenden erlöste, so vermag Er es auch heute. Jesus, den Reinsten und Schönsten, im Geist anschauen und Sein Bild in sich aufnehmen, an Ihn und Sein erlösendes Blut glauben läßt Befreiung aus den stärksten Gebundenheiten erfahren. Das Aufschauen auf Jesus, den Gekreuzigten und siegreich Auferstandenen, unseren Erlöser, und das Anrufen Seines Namens hat Macht, auch diese Verführung zu überwinden.

Verführung im musikalischen Bereich —
auch durch Musicals und Filme

Wer will behaupten, daß die heute so beliebte Popmusik, besonders aber Beat, Rock and Roll nicht gut sind? Was hat Musik mit den Geboten Gottes zu tun? Diese Frage steht im Raum. Es heißt im Wort Gottes, daß die Gemeinde „voll Geistes", also erfüllt mit dem Heiligen Geist werden soll, so daß sie Gott und untereinander geisterfüllte Lieder singen und so dem Herrn in ihren Herzen singen und spielen (Eph. 5, 18 u. 19).
Musik wird von einem Geist inspiriert, und es ist entscheidend, von welchem. Saul wurde, wenn er besessen war vom bösen Geist, besänftigt durch Davids Harfenspiel, da dieser vom Geist Gottes erfüllte Lieder sang und spielte (1. Sam. 16, 23). Nicht die Worte, die Texte der Lieder sind letztlich entscheidend, sondern der Geist, der dahintersteht. Darum sagt die Heilige Schrift einleitend über das Singen und Spielen in der Gemeinde: „Werdet voll Geistes . . ." Das bedeutet also, wenn der Text von Liedern wohl eine christliche Aussage enthält, aber die Melodie geprägt ist von einem unguten Geist, dann können sie keinen geistlichen Segen vermitteln, obgleich der Anschein gegeben ist.
Hier setzt nun wieder der Verführer in unserer Zeit an, und viele fallen darauf herein. Es wird ja der Name „Jesus" genannt, es werden Menschen zur Bekehrung gerufen, darum muß doch auch die Popmusik, ja auch Beat, Rock and Roll, brauchbar sein. Die Jugend hört wenigstens auf diesem Wege von Jesus. Die Kirche hat sonst keine Zugkraft mehr, sie muß dies Medium von größter Tragweite ausnutzen, nachdem die Jugend ihr so entfremdet ist. Solche Musik bringt allein noch Jugendansammlungen zustande. Um zur Jugend zu sprechen, muß man zuerst einmal Jugendliche beieinander haben. Muß man sich also nicht doch heute im Stil anpassen, um noch bei der Jugend anzukommen?
Diese Verführung ist dem Gegenspieler unseres Herrn

Jesus zumeist großartig gelungen. Er behält die frommen Worte bei, aber sie werden in Melodien, Rhythmen eingefügt, die vielfach von seinem Geist geprägt sind. Damit bringt er Menschen unmerklich unter seinen Einfluß. Dann verlieren die geistlichen Texte nicht nur mehr und mehr ihre Bedeutung, sondern die durch die Rhythmen entfesselten Triebe bringen die Hörer, vor allem ungefestigte Jugendliche, zu Verhaltensweisen, die vom Feind beabsichtigt und gelenkt sind. Durch musikalische Faszinationen gewinnt er mehr und mehr Macht in ihrem Leben; das kann zur Zerstörung des Glaubens, der Moral, der Persönlichkeit führen und schließlich zur Verzweiflung und größtem Unglück.

Die Wirklichkeit redet lauter als alle Diskussionen, selbst unter bewußten Christen, ob nicht gerade diese Musik für die heutige Jugend eine hilfreiche Hinführung zur Begegnung mit Jesus wäre. Vielerorts sind heute schon Beobachtungen möglich, wie sie uns Augenzeugen berichten von einer großen Jugendtagung: Klar und gut wurde die biblische Verkündigung über Jesus gebracht. Offenen Herzens hatte die Jugend zugehört. Dann setzte eine Band ein, und die Hunderte von Jugendlichen waren wie auf einen Schlag umgewandelt, einer unheimlichen Faszination erliegend. Mit zuckenden Gliedern ließen sie sich ganz von den Rhythmen einnehmen. Alles endete schließlich in zuchtlosem Durcheinander – der ausgestreute Same des Wortes Gottes war zertreten.

Was ist das wahre Wesen der „harten" Musik mit ihren „heißen" Rhythmen, auch wenn sie in „christlicher Verbrämung" gebracht wird? Eine Studentin bezeugt: „Wenn ich diese Musik höre, löst es in mir ein Gefühl von extremem Zorn, von Wollust, Frustration oder Verwirrung aus. Noch eine ganze Zeit nachher bin ich unfähig, klar zu denken und meine Arbeit ordentlich zu machen! ..." Viele bestätigen, daß Aggression, Rebellion und jede Art von antiautoritärem Verhalten, auch sexuelle Zuchtlosigkeit durch diese Musik angeregt beziehungsweise gesteigert wird.

Ein Amerikaner, Mitglied einer Bande, berichtet von musikalischer Einstimmung auf ihre geplanten Raubzüge: „Wir hörten während dieser Zeit einige wilde Rock-Tonbänder, besonders psychedelische Musik. Wenn die Musik uns in eine wilde Erregung versetzt hatte, sprangen wir aus dem Auto und fingen an, parkende Wagen auszurauben. Nach einer Stunde Rock-Musik gibt es nichts, was wir nicht stehlen würden ..."

Bob Larson, christlicher Sänger und Gitarrist, der diesen Bericht weitergab, bemerkt dazu: „Rock and Roll ist mehr als nur eine Art Musik. Es ist eine raffinierte, die Moral zersetzende Macht ... Schon allein durch ihren Takt, Tempo und Klang führt die Rock-Musik dazu, jegliche Beherrschung fallen zu lassen; Freiheit und Sexualität werden gefeiert ..., die Sinne betäubt und ein Zustand moralischer Gleichgültigkeit und Teilnahmslosigkeit hervorgerufen. Die elektronische Eindringlichkeit der Gitarren, begleitet von den neurotischen Schlägen der Trommeln, führt zwangsläufig zur Enthemmung ... Das Schlimmste ist, daß diese Musik eine Religion geworden ist ... Die Botschaft der Rock and Roll-songs und -Darsteller ist im Grund antichristlich und steht im Gegensatz zu den biblischen Maßstäben ..."[2])

Die Hintergründe dieser Musik werden in einer deutschen Wochen-Zeitschrift aufgezeigt unter der Überschrift: „Trance-Musik: Schamanen (Geisterbeschwörer) am Synthesizer."[3]) Es heißt in dem Artikel, daß an diesen technisch avanciertesten Musikmaschinen mit ihren Millionen Klangmöglichkeiten Musikanten die Knöpfe drücken und drehen, „die in ihren Ambitionen den Schamanen, Priester und Zauberern uralter Kulte vergleichbar sind". Wenn dabei ein banaler Text vielfach wiederholt wird, ist er „wohl nicht als Sinnträger, sondern als eine Art Mantra zu verstehen, eine Beschwörungsformel, die den Zugang zum Unbewußten erschließt". „William Friedkin, Regisseur des Satanlichtspiels ‚Der Exorzist' will das ‚electricwater' aus dem Synthesizer bei seinen nächsten Okkult-Thrillern zur Gehirnwäsche des Publikums benutzen." Weiter wird von „Endzeit-Musik" gesprochen.

Ein Missionar berichtet darüber, wie eingeborene Christen, deren Eltern noch Heiden waren, auf Rock-Musik reagierten: „Warum rufen die jungen Leute die Dämonen an mit ihrer Musik?", fragten sie. Sie erkannten dieselbe psychische Aufreizung, durch die sie früher die Verbindung zu dunklen, dämonischen Gewalten hergestellt hatten.⁴) Wer die Verführung dieser Musik nicht sehen will, dem wird mit diesen Tatsachen vor Augen geführt, woher sie kommt. Das wird auch bestätigt, wenn man hört, daß diese Melodien oft unter Alkohol- und Drogeneinfluß komponiert sind. Einige Komponisten sagten sogar aus, daß sie sie empfangen haben, nachdem sie Satan angebetet und ihn darum gebeten hatten.

Es ist darum um so erschütternder, in welchem Maß eine vom Ungeist geprägte Musik in den christlichen Bereich Eingang fand. Beim ersten „Sacro-Pop-Festival" auf deutschem Boden im November 1973, bei dem rund 1000 Zuhörer drei Tage lang die Thomaskirche in Düsseldorf belagerten, erklärte ein prominenter Kantor, selbst Komponist, endlich sei es gelungen, Musik aus dem Untergrund in die Kirche zu holen. Einer „Musik von oben" wurde das Ende vorausgesagt. Den Abschluß des Festivals bildete ein ökumenischer Gottesdienst, in dessen Predigt eine Synthese von Christentum und Marxismus proklamiert wurde. Wie berichtet, endete er „in einer Begeisterung voll Musik und Rhythmus" ⁵), also in dieser Ekstase von unten, wohin solche Musik zumeist die Hörer bringt.

Noch gilt für aus dem Heidentum bekehrte Christen weithin, daß sie sofort Fetische und Hausgötzen verbrennen, was einschließt, sich auch von der dazu gehörigen Musik zu lösen und die dämonischen Kultfeste und Plätze zu meiden. Doch in unseren Ländern werden Ausläufer dieser Musik nicht nur im christlichen Raum übernommen, sondern immer aufreizendere, sinnlichere, ohrenbetäubendere Kompositionen gebracht. Je wilder und unheimlicher sie sind, desto mehr werden sie begehrt.

Christus läßt sich aber nicht mit dem kombinieren, was von Seinem Feind inspiriert ist. „Wie verträgt sich Christus mit Belial?", sagt die Heilige Schrift (2. Kor. 6, 15). Satan steuert weithin diese Musik und benutzt sie, um sich in Massen Jugend als Beute zu holen. Wenn auch seine Verführung mit noch so einleuchtenden Argumenten geschieht – wie schon erwähnt – und der Einsatz von Musik dieser Gattung im kirchlichen Raum unter das Vorzeichen des missionarischen Dienstes gestellt wird, so muß doch klar gesagt werden: Nach Gottes Wort ist sie für Christen abzulehnen, denn Rock and Roll und Beatmusik haben immer irgendwie mit brutalen Aggressionen und sexuellen Aufreizungen, letztlich mit Beschwörung und Zaubereien, ja mit etwas Höllischem zu tun. Gottes Wort warnt uns: Zum Wesen der Hure Babylon gehört es, daß sie mit ihren Zauberkünsten alle Völker verführt (Offb. 18, 23 b). Wer sich in diese dämonische Musik mit hineinziehen läßt, wird mit teilhaftig des furchtbaren Gerichtes, das über die Hure Babylon ergeht.

Freilich gibt es die verschiedensten Stärkegrade dieser gängigen „Popmusik" – es gibt Abschwächungen und eine Fülle von Variationen, die im kirchlichen Raum praktiziert werden, Grenzbezirke, die nicht den satanischen Ursprung haben, aber doch Gefahren in sich tragen, weil sie zumindest dem Göttlichen wesensfremd sind. Darum trägt Verharmlosung und Akzeptieren dieser Musik in christlichen Kreisen große Gefahr in sich. Es können dadurch der unguten Beat- und Rockmusik Brücken gebaut werden, so daß sie mehr und mehr Eingang findet mit all ihren negativen Auswirkungen – bis hin zum Ersterben des geistlichen Lebens und der Trennung von Jesus.

Doch Gott gibt andere Möglichkeiten, durch eine vom Heiligen Geist gewirkte Musik von Jesus zu zeugen und Ihm wahres Lob zu singen. Er gab und gibt auch heute

26

noch Melodien aus Seinem Geist, die etwas von der Sphäre des Heiligen in sich tragen. Sie kommen aus der Welt des Göttlichen. Wenn wir solche Melodien hören, bringen sie uns zur Anbetung. Alles Laute in uns kommt zum Schweigen, weil wir etwas von der Gegenwart Gottes spüren, die in diesen Liedern eingefangen ist. So sind wir fast gedrängt, uns niederzuknien, wie Tersteegen singt: „Gott ist gegenwärtig, alles in uns schweige und sich innig vor Ihm beuge ..." Oder wir preisen Jesus als das Lamm Gottes mit mächtigen Chören, die würdig sind, Ihm die Ehre zu geben – starke und volltönende Musik, die aber wesenhaft unterschieden ist von der lauten Beatmusik. Erst recht verträgt sich mit dieser nicht, wenn wir von der Liebe zu Jesus singen, die voll zarter Innigkeit ist. Lieder von der himmlischen Herrlichkeit oder dem Glanz der Ewigkeit haben in ihren Melodien etwas von der himmlischen Freude und dem Ernst, der Heiligkeit dieser ewigen Welt in sich.

Bußlieder können ebenso nicht mit lauter oder hektischer Rockmusik verbunden werden, die schlecht zu einem Herzen paßt, das um seiner Sünde willen zerbrochen vor Gott liegt. Gottes Geist gibt auch Lieder und Melodien, die den Glauben stärken und den Kampf gegen Sünde und Satan durch Anrufung des Namens Jesu unterstützen. Dann mögen diese wohl – vom Kampfesgeist durchdrungen – einen kräftigen Rhythmus haben, aber immer einen vom göttlichen Geist geprägten.

Alle „geistlichen Lieder" haben geistlichen Charakter, haben wesensmäßig mit Gott, Jesus Christus, dem Heiligen Geist, der göttlichen Welt zu tun. Darum muß ihre Vertonung entsprechend geistlich sein. Solche Melodien bringen uns dem Dreieinigen Gott, Seiner Heiligkeit, Seiner Liebe und Seinem Erbarmen nahe. Jede Art der Musik bringt uns unter den Einfluß des Reiches, von dem sie kommt, und dessen Herrn. Sollten wir nicht das wunderbare Angebot annehmen: Musik, die von Gott kommt und Menschen antreibt, ihren Herrn und Erlöser zu lieben, darum aus Liebe zu Ihm Seine Wege zu gehen,

Seine Gebote zu halten, Ihm auf dem Kreuzesweg nachzufolgen!

Aber nicht nur durch die von unten geprägte Musik hat die Verführung in unserer Christenheit Raum gefunden; sie nahm noch in anderer Weise die Bühnen der Gemeindesäle, ja den Altarraum von Kirchen, Gottesdienste, Religions- und Konfirmandenstunden ein: Jesus wurde zum Objekt von Musicals, Shows und Filmen gemacht. Wieder ertönt die Stimme des Verführers: Sollte Gott gesagt haben, daß man Jesus nur in der biblischen Weise darstellen kann und nicht auch in einer „menschlichen", dem heutigen Verständnis näherliegenden Weise? Ist das nicht ein guter Weg, um Jesus wieder populär zu machen, Denkanstöße in dieser Richtung zu geben und Ihn in die Diskussion zu bringen? Kommen Menschen unseres fortschrittlichen Zeitalters auf diesem Weg nicht wenigstens dazu, sich mit der Gestalt Jesu zu beschäftigen und vielleicht auch wieder einmal die Bibel aufzuschlagen?

Das klingt – wie alle Verführungen – so einleuchtend. Und unzählige Christen sind darauf hereingefallen. Zum Beispiel gelang es dem Verführer durch das Musical „Godspell", das den Text des Evangeliums benützt, Einlaß zu finden sogar auch bei solchen Gläubigen, bei denen er etwa mit seiner „Gott ist tot"-Theologie nicht ankam. Er knüpfte bei ihrer Notlage an. Ihre Zusammenkünfte waren zum Teil für Fernstehende nicht mehr zugkräftig; die Kreise waren ohne Nachwuchs, sie selbst oft müde und freudlos. Satan erklärte ihnen ihre Situation mit der einleuchtenden Diagnose: „Ihr seid unmodern!" So bot er ihnen moderne, attraktive Jesus-Darstellungen. Die Verhöhnung Jesu, die Lästerung der Heiligen Schrift wickelte er attraktiv ein in zum Teil ansprechende, leicht eingehende Musik, in biblisches Wort mit einigen besinnlichen Szenen – ein verwirrendes Ineinander von Unterhaltung und Gotteslästerung. Die Verführung ist ihm gelungen. Die Gläubigen selbst nahmen die Verhöhnung Jesu und das Lächerlichmachen Seiner Worte von Sünde,

Buße, Gericht und damit Erlösung in Kauf, weil „Godspell" einen Abend des Amüsements brachte, an dem sie reichlich über Possen, Komik, Faxen und Witze lachen konnten. Es war ja alles biblisch getarnt. Jugendliche wie auch Erwachsene, die nie in ihre Versammlung gekommen wären, waren in Fülle vertreten.

Was geschah aber in diesem „Godspell", das inzwischen nicht nur als Musical über die Welt gelaufen ist und mancherorts jahrelang auf den Bühnen blieb mit Tausenden von Besuchern wöchentlich, sondern auch als Farbfilm in vielen Ländern auf der Leinwand erschien: In „Godspell" wird Jesus aufs schmählichste entehrt, Seiner Würde beraubt. Er wird zu einem Spottbild erniedrigt und zu einer lächerlichen Figur gemacht. Hier stellen Menschen in ihrem Wahn Jesus dar in karnevalistischer Kleidung, als Clown geschminkt, der tischauf, tischab springt, der herumtanzt – der auf dem Fußboden liegt, während seine Jünger auf dem Tisch sitzen und sich zu ihm hinunterbeugen. Sein Angesicht ist verunstaltet durch eine rote Nase wie das eines Harlekins. Was auf diese Weise in „Godspell" durch die Schauspieler vom Matthäus-Evangelium „vermittelt" wird, ist voll schlechter Witze und Zweideutigkeiten.*)

Doch viele Christen besuchten das Musical oder den Film „Godspell" und verließen nicht den Raum, wenn ihr Herr entwürdigt und lächerlich gemacht wurde. Damit bejahten sie eine Macht von unten, eine Welt der Sünde, die gegen Jesus steht. Scharen von sogenannten Gläubigen sahen sich an, daß Buße-tun, Sünde und Gericht lächerlich gemacht und Jesus Christus als Clown verhöhnt wurde. Ja, sie applaudierten sogar begeistert und lachten stürmisch mit, wenn Jesu Worte und Er selbst geschändet wurden. In christlichen Zeitschriften wurde darüber sehr anerkennend und empfehlend geschrieben. Leitende kirchliche Persönlichkeiten äußerten, wie herz-

*) Siehe auch im gleichen Verlag: M. Basilea Schlink, Jesus heute aufs neue verhöhnt.

erquickend der Frohsinn, die überzeugende Freude oder diese naive, clowneske Fröhlichkeit sei – „endlich ein frohes Christentum!"

Dem Verführer ist es also gelungen, die Christen auf seine Seite zu bekommen – auf Kosten des lächerlich gemachten Sohnes Gottes, unseres Heilandes, auf Kosten unseres öffentlich geschändeten Herrn! Dies ist der Preis für jenen „herzerquickenden Frohsinn". Dahinter steht der Fürst dieser Welt, der diese Musicals inspirierte und hier sein Verführungswerk aufs vollkommenste vollbrachte.

Nicht viel anders ist es bei der Rockoper und dem entsprechenden Film „Jesus Christus Superstar".*) Eine so raffinierte Verfälschung des wahren Jesusbildes wird hier gebracht, daß viele es nicht merkten, zumal mit künstlerischen Mitteln die Sinne der Menschen gefangen genommen werden. Das geschickte Ineinander von biblischen Stücken, die aber in zahlreichen Einzelheiten verfälscht sind, und von Satanischem bewirkt eine unheimliche Zersetzung des biblischen Jesusbildes, des Glaubens an den wahren Jesus. Denn der Jesus, der hier gezeigt wird, ist im Grunde ein armer, zweifelnder Mensch, eine gescheiterte Existenz, dessen Vorhaben nicht gelang. Der Held aber ist letztlich Judas, die tragische Figur, die Mitleid erregt und mit der der Zuschauer sich unwillkürlich identifiziert. Bei der Oper und auch beim Film „Superstar" spielen die Elemente der verführerischen Musik sehr stark mit durch deren faszinierende Rhythmen. Sexuelle Anspielungen sind in blasphemischer Weise in biblisches Geschehen eingestreut. Eine weltliche Wochenzeitschrift in der Bundesrepublik schrieb: „Vor falschen Propheten in Schafskleidern hat Gottes Sohn einst ausdrücklich gewarnt. ‚Viele kommen in Meinem Namen und werden viele verführen – an ihren Früchten sollt ihr sie erkennen!'" Doch viele der Seinen erkennen nicht die Ver-

*) Siehe auch im gleichen Verlag: M. Basilea Schlink, Jesus heute gelästert – und: Jesus Christus niemals Superstar.

führung und lassen sich verführen, und die schlechten Früchte folgen.

Darum gilt heute all denen, die sich von dieser Verführung schon einnehmen ließen, der Ruf: Kehre um! Sieh, wer der ist, der hier verhöhnt wird – Jesus, der Sein Leben in den Tod gegeben hat zu unserer Erlösung, der auferstanden ist aus dem Grab in großer Macht und Herrlichkeit, der zur Rechten Gottes sitzt und bald, am Ende der Zeiten, wenn die Sünde ihren Höhepunkt erreicht hat, in großer Majestät wiederkommen wird als Richter über Lebendige und Tote.

In unserer Zeit, in der unser Herr Jesus so erniedrigt, ja mit Schmach und Hohn überhäuft wird, ist es deshalb Auftrag Seiner Gemeinde, Ihm um so mehr die Ehre zu geben und Ihn anzubeten als den Herrn aller Herren, den Gottessohn voll königlicher Würde, das triumphierende Lamm Gottes. Das macht nach der Heiligen Schrift das Lied der Seinen in der Endzeit aus, wie es die Offenbarung des Johannes uns zeigt. Dies Lied will Gottes Geist heute auch in unseren Herzen erwecken, daß wir Ihm damit unseren Dank und unsere Liebe bringen.

Verführung im Bereich der Ideologie:
allgemeine Gleichschaltung — Weltbürgertum

Sollte Gott gesagt haben: „Du sollst deinen Vater und deine Mutter ehren" (2. Mose 20, 12)? – „Ihr Jüngeren seid den Älteren untertan" (1. Petr. 5, 5) – „Ihr Dienstleute, seid in aller Furcht euren Herren untertan, nicht nur den gütigen und nachsichtigen, sondern auch den verkehrten" (1. Petr. 2, 18) – „Ordnet euch einander unter, wie es die Ehrfurcht vor Christus verlangt" (Eph. 5, 21) – „Seid jeder menschlichen Ordnung um des Herrn willen untertan" (1. Petr. 2, 13).

Das alles wird heute als Wille Gottes nicht nur in Frage gestellt, sondern sogar als Ursache der Probleme unserer Zeit bezeichnet und verworfen. Dagegen wird als Lösung für alle Nöte der heutigen Welt mit ihren drohenden Kriegen die Schaffung eines Menschentyps proklamiert, der nach anderen Grundsätzen lebt. Überholt sei dieser Zustand, daß nicht gleiches Recht für alle gelte, daß manche Autorität hätten und manche nicht und Menschen sozial verschieden eingestuft wären. Der „neue Mensch" ist in allem genormt, gleichgeschaltet. Dieser neue Menschentyp ist der eines Weltbürgers, der von liberalem Humanismus und sogenannter „Brüderlichkeit" bestimmt ist.

Das wird von verschiedenen internationalen Gruppen heute – in mehr oder weniger starker Ausprägung – vertreten: von den Freimaurern, der humanistischen Union, vom „Club of Rome", dessen Beauftragter Ervin Laszlo in seinem Arbeitspapier für eine Welteinheitsreligion als Hauptziel für eine weltumfassende Gesellschaft den Welthumanismus nennt[6]) – vom Weltrat der Kirchen, vom Council of Foreign Relations (CFR), dessen Inspirator Nelson Rockefeller ist. Der Welthumanismus will der Welt eine „Weltfriedensordnung" bringen durch Errichtung eines neuen Weltstaates, „One World". Die Weltverbrüderung soll zu einer Weltrepublik führen, in der das reine Humanitätsideal der Freiheit, Gleichheit und Brüderlichkeit verwirklicht ist. Man behauptet, dies könne geschehen, weil dann jegliche Trennung in sozialer, politischer und religiöser Hinsicht aufgehoben ist, die zum Unfrieden und Unheil unter den Völkern und Menschen führte.

Der neue Menschentyp des Weltbürgers, der dann in dem angestrebten „One World"-Weltstaat leben soll, könnte also die Solidarität der Menschheit mit sich bringen, indem er die Verschiedenartigkeit der Rassen, der Klassen und Stände, der Nationen, der Religionen und der Geschlechter aus dem Wege räumt. Allen Menschen wäre dann eines gemein: Sie sind Bürger dieser einen Welt, dieser Weltrepublik. Es geht um die Brüderlichkeit der Menschen, die Gleichheit der Menschen untereinander.

Brüderlichkeit! – andere Nationen, Rassen, Stände nicht aburteilen, sondern anerkennen, aufnehmen in Liebe – ist das nicht christlich? Bringt dieser Weg nicht endlich ein Aufhören der schrecklichen Kämpfe und Kriege zwischen den Völkern, Rassen und Ständen? Sollte dieses Ziel, die Solidarität der Menschen zu schaffen, im Dienst der Verführung stehen, wo die Geschichte doch zeigt, welche blutigen Rassen- und Klassenkämpfe, welche Völkerkriege aus dem Haß geboren wurden, wenn ein Volk, eine Rasse, ein Stand mehr Macht, mehr Rechte haben wollte als andere?

Menschen und Gruppen, die von dieser allgemeinen Solidarität auf allen Gebieten sprechen, proklamieren wohl groß angelegte Ziele von Humanismus und Brüderlichkeit. Doch ob dahinter Fakten stehen, kann nur das tatsächliche Geschehen erweisen. Es muß sich zeigen, ob solche Ideologie in Wirklichkeit die Lösung für die Menschen und Völker bringt: eine neue Welt. In der Vergangenheit zeigt die Geschichte allerdings ein anderes

Ergebnis. Die französische Revolution illustriert, wie der Humanitätsgedanke „gleiches Recht für alle", damals von den Jakobinern, Freimaurern, verkündet, zu einem furchtbaren Blutbad führte, da nicht Brüderlichkeit, sondern Radikalismus, Haß und Terror die „neue Zeit" einleiteten.

Heute sehen wir in den Staaten, die die Solidarität der Menschen auf ihrem Programm stehen haben, zum Beispiel im Machtbereich des Kommunismus, wie Brüderlichkeit, Gleichheit aller Menschen praktiziert wird und das Gegenteil von Freiheit bedeutet. Es darf dort keine andere Weltanschauung oder Religion gelten als die des materialistischen Atheismus. So wurden der Sonntag und kirchliche Feste wie Ostern abgeschafft, die Gebote Gottes, die christliche Ethik als ungültig erklärt. Auf der geheimen Krimkonferenz der KP-Sekretäre aller Ostblockstaaten im Juli 1973 beschloß man, den ideologischen Kampf in allen Ländern zu koordinieren und am sowjetischen Modell auszurichten. Dies besagt, daß jegliche religiöse Unterweisung von Jugendlichen unter 18 Jahren strafrechtlich verfolgt wird, selbst wenn sie durch die eigenen Eltern im eigenen Haus erfolgt.

Nicht nur im christlichen Bereich gilt dies, sondern allgemein. Führende Wissenschaftler und Schriftsteller, die es wagen, anders zu denken und zu sagen, werden „mundtot" gemacht; man liefert sie zum Teil in psychiatrische Kliniken ein. Wer die materialistisch-atheistische Ideologie nicht annimmt, kommt vielfach in Zwangslager. Statt Gleichheit und Brüderlichkeit widerfährt jedoch vor allem den Christen, die ihrem Glauben leben wollen, Haß und Verfolgung, bis hin zu Folterung und Tötung. Das geschah in den letzten Jahrzehnten schon in vielen Ländern der Erde. Aber auch solche, die der neuen Ideologie zustimmen, erfahren das Gegenteil des versprochenen Friedensreiches, nämlich Unfreiheit und Beschränkung, innerlich und äußerlich. Wie „beglückend" die Verhältnisse in solchen Staaten sind, zeigt, daß gewisse Grenzen mit immer höherem Stacheldraht, mehr-

34

fachen Sperrvorrichtungen und automatischen Schießanlagen versehen werden, damit keiner aus diesem „Paradies" fliehen kann.

Eine große Lüge wird hier offenbar, hinter welcher der „alte Lügner", der Verführer und Betrüger der Menschen steht. Er verspricht Solidarität, und wenn man ihm glaubt und seiner Menschheitsideologie anhängt, erlebt man stärksten Despotismus. Als Weltbürger ist man nicht brüderlich miteinander vereint, sondern man ist unduldsam gegen den, der anders denkt.

Obgleich an diesem Beispiel die Verführung schon so deutlich demonstriert wird, gelingt es dem Feind immer neu, das Gift dieser Ideologie der Gleichschaltung, des Weltbürgertums auch in die Gemeinde Jesu einzuträufeln. Man denkt die Parole „Gleichheit, Brüderlichkeit, Menschlichkeit" nicht weiter durch, man denkt sie nicht zu Ende. Im Ideal des Welt-Humanismus, so äußert es der Vertreter des „Club of Rome", Ervin Laszlo, ist beschlossen, daß der einzelne Mensch seine persönlichen und privaten Vorstellungen und Ziele denen einer weltweiten Gesellschaft unterordnen müsse. Laut Laszlo steht die Weltgemeinschaft (die Weltrepublik, der Weltstaat) über allen ethischen Werten.

Hier kommt die Verführung deutlich zum Vorschein. Man redet von Brüderlichkeit – alle sind gleich –, doch in Wirklichkeit haben die Menschen gerade unter der neuen Ordnung der Humanität nicht gleiche Rechte. Einzelne oder eine Gruppe, die das Humanitätsprinzip proklamieren, geben sich das besondere Recht, ja Vorrecht, eine neue Ethik aufzustellen, der sich alle unterstellen müssen. Wer sich dann aber dieser Welt-Friedensordnung, dem Humanitätsprinzip mit seiner neuen Ethik widersetzt, gilt als intolerant und reaktionär. Er wird umerzogen, bekämpft oder ausgeschaltet. In dieser „One World", diesem humanistischen Welt-Friedensstaat, diesem „Weltbundesstaat", wie die Freimaurer die neue Welt nennen, wird also nicht Brüderlichkeit und Gleichheit regieren, sondern im Kampf gegen Autoritäten erkämpft man sich in Wahrheit eine unumschränkte Autorität und Macht.

Die Heilige Schrift warnt: „Gebt wohl acht, daß niemand euch einfängt durch die Philosophie (Weltweisheit) und eitle Verführung" (Kol. 2, 8). „Wir sollen nicht länger unmündige Kinder sein, die von jedem Wind der Lehre durch das Trugspiel der Menschen, die mit Arglist und Verführung ausgehen, wie Meereswogen hin- und hergeworfen und umhergetrieben werden" – so warnt Paulus. „Wir sollen vielmehr, der wahren Lehre getreu, ... in ihn hineinwachsen, der das Haupt ist, Christus" (Eph. 4, 14 a u. 15).

Verführung führt ab von der wahren Lehre, vom Wort Gottes, das in Christus verankert, mit Ihm identisch ist. Und Jesus lehrt nicht „Solidarität", Gleichheit der Menschen. Jesu Wesen und Leben, in dem Seine Lehre verkörpert war, war gekennzeichnet von Gehorsam, Unterordnung unter den VATER und Seinen Willen. „Ich suche nicht meinen Willen, sondern des Vaters Willen" (Joh. 5, 30 b) – „Meine Speise ist die, daß ich tue den Willen des, der mich gesandt hat" (Joh. 4, 34). „Wie mich gesandt hat der lebendige Vater, und ich lebe um des Vaters willen . . ." (Joh. 6, 57).

Jesu Wesen war gekennzeichnet von Ehrfurcht. „Der Sohn kann nichts von sich selber tun, sondern was er sieht den Vater tun" (Joh. 5, 19). „Der Vater ist größer als ich" (Joh. 14, 28 b). „Ich ehre meinen Vater ... ich suche nicht meine Ehre ..." (Joh. 8, 49 u. 50). Weil Demut, ehrfürchtige Liebe untereinander die Grundlage der Liebeseinheit des Dreieinigen Gottes ist, kann nur da wahre Brüderlichkeit, Einheit des Menschen untereinander bestehen, wo als Abschatten davon diese ehrfürchtige, demütige Liebe zueinander herrscht.

Wer dies Sein Gebot des Dienens und der Ehrerbietung nicht befolgt, scheidet sich unmerklich von Jesus. Das Eingehen auf des Feindes Argumente führt zum Abfall von Jesus. Denn Jesus erkennt nur den als Seinen Jünger an, der Ihm nachfolgt auf Seinem Weg des Gehorsams, des Unterordnens, der Ehrfurcht. Er sagt: „Welcher unter euch will der Vornehmste sein, der soll aller Knecht sein. Denn auch des Menschen Sohn ist nicht gekommen, daß er sich dienen lasse, sondern daß er diene ..." (Mark. 10, 44 u. 45).

Wer mit Jesus verbunden ist, weiß um den tiefen Sinn des Wortes: „Ehre den, dem Ehre gebührt!" Nach der Heiligen Schrift gibt es eine himmlische Hierarchie – die Überwinder werden in der ewigen Herrlichkeit auf Thronen sitzen und regieren, und andere, ganze Völker, werden von ihnen regiert sein. Davon sagen zum Beispiel die Sendschreiben in der Offenbarung. Dies alles aber geschieht im Zeichen der Liebe. Diese himmlischen Ordnungen sollten hier schon – wenigstens unter den Seinen – eine Abschattung finden.

Die verführerischen Argumente von Solidarität, wie sie heute proklamiert werden, sind darum von Satan, dem Erzrebell, inspiriert, weil dieser es war, der keine Autorität über sich ertragen konnte, der gleich sein wollte wie Gott. Der Gedanke der Gleichheit, das heißt Gleichstellung der Menschen, Rassen, Völker, Stände, trägt also die Rebellion in sich. Man will nicht Gott als höchste Autorität über sich haben, aber auch auf Erden keinen Menschen über sich anerkennen, dem man gehorchen, sich unterordnen müßte, der mehr ist, mehr kann. Der Verführer spritzt das süße Gift ein: „Sollte Gott, der die Brüderlichkeit will, gesagt haben, daß bei Menschen, unter Rassen, Völkern und Ständen die Ungleichheit herrschen soll? Antiautoritäres Wesen ist wahre Brüderlichkeit; das Gleichsein wird den Weg zum Frieden bahnen und das Ende von Mord und Streit bringen. Wolle ein Weltbürger sein, und du hilfst, daß bald eine neue Welt entsteht."

In Wahrheit ist aber das Ziel des Verführers, ein Chaos zu schaffen, um dann durch seine Werkzeuge selbst zur Macht zu kommen. Auf dem Weg der Auflösung von Ordnung und Gehorsam will er die Zerstörung von allem und allen herbeiführen aus Rebellion und Haß

37

gegen Gott und Seine Welt und Menschheit. Wenn wir auf die Stimme des Verführers hören und diesen Weg der Rebellion beschreiten, helfen wir darum zum Untergang der Welt und zu unserem Verderben.

Erschütternd ist, daß der Verführer auch hier oft die Kinder zum Objekt seiner Angriffe macht. In den Schulbüchern verschiedener Länder ist schon die Aufforderung für die Kinder enthalten, nicht mehr zu gehorchen, ja, es werden ihnen Ratschläge gegeben, wie sie gegen Erzieher und Eltern opponieren sollen. Selbst in Arbeitspapieren kirchlicher Frauenarbeit wird Ungehorsam der Kinder lobend erwähnt; man sieht darin Zeichen der Persönlichkeitsbildung.

Diese Saat beginnt schon aufzugehen. Statt Brüderlichkeit finden wir in Familien, auf Arbeitsplätzen, zwischen Nationen, Rassen und Religionen, Haß und Totschlag mehr denn je. Die täglichen Nachrichten zeugen davon. Verbrechen haben in aller Welt in unheimlichem Ausmaß zugenommen. Und wenn Statistiken aufzeigen, daß in 10 Jahren die Kriminalität bis zu 200 % zunahm, dann steht hinter diesen nüchternen Zahlen eine Welt des Grauens. Kinder, die eine glückliche, unschuldige, frohe Jugend durchleben sollten, sind vielfach schon zu Verbrechern geworden. Geborgenheit, kindliches Glück und Unschuld sind ihnen genommen. Ihre Gesichter sind gezeichnet von Leere und Verzweiflung. Das Familienglück ist weithin zerstört.

Aus Rebellentum gegen jegliche Autorität, das die Wurzel des Gedankens dieser „Solidarität" ist, kann nur Haß gegen Gott, gegen die Eltern, Lehrer, Vorgesetzten, Arbeitgeber kommen. Und Haß bringt Revolten, Chaos und Untergang. Er tötet und zerstört. Allein der neue Mensch, der nach dem Bild Jesu erneuert ist, wird die von Jesus geschaffene neue Welt darstellen. Als Rebell jedoch gehört man zu Satan, dem Erzrebell, und in sein Reich, das eine Wirklichkeit ist.

Heute soll das „Weltbürgertum", die „Gleichheit für alle" durch neue Gesetze erreicht werden, die tatsächlich von Satan inspiriert sind und höllische Auswirkungen haben. Dies zeigt sich bei folgendem: Im Senat der USA liegt der Gesetzentwurf „Equal Rights Amendment", ERA genannt, vor. Sein Ziel ist, daß es juristisch nicht mehr Mann und Frau geben soll, sondern nur noch Personen – man könnte auch sagen: Weltbürger. Es wird behauptet, durch diese Gleichstellung der Geschlechter würde der Frau zu ihrem Recht verholfen. Die Folgen, wie sie jetzt schon abzusehen sind, zeigen aber in erschütternder Weise den Inspirator: den Verführer.

Wenn dieses Gesetz durchkommt, könnten homosexuelle Ehen legalisiert und den Beteiligten die gesetzlichen Rechte von Ehepartnern gewährt werden, wie es z. B. im Staat Colorado, der diesem Gesetzentwurf zustimmte, schon geschah. Männer und Frauen würden rechtsmäßig gezwungen werden, Umkleide- und Duschräume, Krankenhauszimmer, öffentliche Toiletten und andere öffentliche Einrichtungen zu teilen (lt. Prof. Paul Freund, Harvard Law School). Im Staat Washington z. B. ist es schon geschehen, daß Frauen in Gefängniszellen zusammen mit Männern sein mußten. Mädchen im Alter von 18 Jahren würden genau wie Männer zum Wehrdienst eingezogen werden. Ehefrauen müßten für die Hälfte des gemeinsamen Familienunterhalts aufkommen. Dann könnten Mütter nicht zugleich für ihre Kleinkinder sorgen. Sie müßten sie in Betreuungsstätten bringen. Frauen wären auch nicht geschützt gegen Schwerarbeit und wirtschaftliche Ausbeutung. Eine unabsehbare Kette von negativen Folgen würde durch diese Gesetze ausgelöst.

Wir sehen hier wiederum: Hinter der Verführung steht der Lügner. Wer diesen verführerischen Ideologien anhängt, ist ein Betrogener. So werden Frauen ins Unglück gestoßen und Familien zerstört, wenn die von Gott gegebene Zuordnung der Familienglieder zueinander durchgestrichen wird. Diese Ideologien bringen aber auch Unheil über die Völker, weil durch die antiautoritäre Gesellschaft dem Terrorismus Tür und Tor geöffnet wird, Recht und Sicherheit zerstört sind.

Unsere Zeit trägt also Züge, die für die letzte Zeit prophezeit sind, wo dann „der Gesetzlose" auftreten wird (2. Thess. 2, 3), der Gesetz und Zeiten ändert (Dan. 7, 25). Im letzten Jahrzehnt werden in der BRD mehr und mehr Grundordnungen unserer von der Bibel, den Geboten Gottes her bestimmten Lebensauffassung in der Gesetzgebung aufgelöst. Das geschieht im Eherecht und im Sittenstrafrecht, bei den seitherigen Schutzmaßnahmen für das werdende Leben und im sittlichen Schutz der jungen Generation: zum Beispiel durch Streichung des Verbots der Homosexualität, der Pornographie, der Kuppelei, durch anhaltende und heftige Bemühungen, die Straffreiheit der Abtreibung durchzusetzen. In anderen Ländern kann man ähnliche Entwicklungen beobachten.

Dahinter steht die Frage des Verführers: Sollte Gott auch für uns heute gesagt haben, was in den alten Geboten für vergangene Jahrhunderte verkündet war? Gott hat Seine Gebote den Menschen für alle Zeiten gegeben. Sie gelten auch für heute, denn Jesus bezeugt: „Bis daß Himmel und Erde zergehen, wird nicht zergehen der kleinste Buchstabe noch ein Strichlein vom Gesetz, bis daß es alles geschehe" (Matth. 5, 18).

Und wer ist es, der Seinen Willen kundtat, den Menschen Gebote gab, die sie zu ihrem Glück befolgen sollen? Der Eine, der nur Liebe ist und darum das Wohl Seiner Menschenkinder im Herzen trägt und im Auge hat. Es ist Gott, unser Schöpfer und Vater, und Jesus Christus, unser Heiland und Erlöser. Jedes Wort, das Er sagt, jedes Gesetz, das Er gibt, trägt in sich den Keim zu einem neuen Reich, einer neuen Welt, wovon heute alles spricht. Doch heute will man sie erreichen unter der Inspiration des Bösen, des Erzrebellen, der Haß, Zerstörung, Unglück, Grauen und Chaos mit sich bringt. Es stehen sich also im schärfsten Gegensatz gegenüber die heiligen Gebote, das Gesetz Gottes, und die neuen Gesetze unserer Zeit, inspiriert vom Verführer. Wir sind damit alle vor die Wahl gestellt zwischen Gott und Seinem Gegenspieler.

Wer zu diesen neuen Gesetzen ja sagt, zum Beispiel zur Gleichschaltung der Geschlechter, greift Gott selber an, der die Schöpfungsordnung von Mann und Frau in ihrer Verschiedenartigkeit und sich ergänzenden Originalität gegeben hat. Wer die Gleichheit der Religionen proklamiert, greift Jesus Christus selbst an, der gesprochen hat: „Ich bin die Wahrheit. Niemand kommt zum Vater denn durch mich" (Joh. 14, 6). Wer neue Gebote aufstellt, greift den Gott an, der auf dem Sinai Seinen Willen kundgegeben hat in Geboten wie: „Du sollst keine anderen Götter (wie Gurus) neben mir haben – du sollst deinen Vater und deine Mutter ehren (deinen Vorgesetzten gehorchen) – du sollst nicht töten (auch nicht ungeborenes Leben) – du sollst nicht ehebrechen, stehlen, verleumden . . ."

Nach diesen ewig gültigen Geboten werden wir, wenn jeder von uns einst vor dem Richterthron Gottes erscheinen muß, unser Urteil empfangen; ausschlaggebend wird sein, ob wir Gottes Gebote anerkannten und in der Kraft Jesu Christi ausleben wollten oder nicht. Wer Gottes Gebote hält, den führen sie zu einem Leben des Friedens und der brüderlichen Liebe untereinander, des Beschenktwerdens durch die Vatergüte Gottes und der Freude, selbst in Nöten und Schwierigkeiten; denn Gott ist für ihn. Doch wer diese Gesetze nicht mehr für gültig ansieht, erhebt sich gegen Gott und ist auf der Seite des Verführers. Jeder, der eigne Gebote und Maßstäbe aufstellt, müßte eigentlich wissen: Er bleibt ein Geschöpf, und als solches ist keiner letztlich sein eigener Herr. Den autonomen Menschen, soviel er auch verkündigt wird, gibt es nicht. Man ist abhängig entweder von Gott, seinem Schöpfer – oder man hat sich in die Hand Satans begeben, der seine Beute knechtet und quält bis in die Ewigkeiten. Es gibt keine neutrale Zone dazwischen. Ungestraft können sterbliche Menschen den unsterblichen, heiligen Gott nicht angreifen und Seine Ordnungen und Gebote auflösen. So hat Gott der Herr schon damals, als Er die Gebote gegeben hatte, kundgetan (5. Mose 30, 15–20 a).

Unser Leben ist schnell zu Ende, und dann können wir nicht mehr mit unseren Meinungen und unserem Rebellentum auftrumpfen. Unser Leib wird in der Erde vergehen, um einst entweder in Herrlichkeit oder in Schmach und Schande aufzuerstehen (Dan. 12, 2). Unsere Seele aber wird sogleich in dessen Hand sein, dem wir uns hier hingegeben haben: in Gottes Hand und in Seinem Reich oder in dem Reich dessen, der uns hier mit seinen Verführungen fing, der ein Verderber, Quäler und Lügner ist, im Reich Satans.

Schon jetzt erleben wir ganz spürbar die Folgen seiner Verführung, wie sie heute als Tatsachen vor uns stehen. Wir leben in einer Welt voll von Haß und Verbrechen, Gewalttaten und Revolten, einer Welt voll Schmutz und Niedertracht, einem Chaos, das sich immer mehr ausbreitet. Es wird offenbar, wo man sich an Gottes Schöpfungsordnung vergreift, wird durch solche Neuordnung und neue Gesetze nicht das Paradies, die neue Welt geschaffen, sondern eine von Gott losgelöste höllische Welt. Daß wir doch heute noch eine ganze Scheidung vom Verführer vollziehen und eine ganze Hinwendung zum Herrn! Es ist letzte Stunde! Vom Geist des Verführers inspirierte Gruppen arbeiten weltweit und mit Hochdruck auf eine antichristlich geprägte Weltregierung zu. Darum müssen wir heute alle Stellung beziehen, daß wir uns nicht plötzlich auf seiner Seite, in der Hand Satans befinden, sondern in der Stunde der großen Versuchung bewahrt werden.

Verführung im okkulten Bereich

Der größte Trick Satans, wodurch er Unzählige verführt und schon heute unter seine furchtbare Macht bringt, ist die Verharmlosung seines Tuns. Wir leben in einer Zeit des weltweiten Okkultismus – alle Massenmedien sind mit okkulten Themen überschwemmt. Nicht nur im Milieu des Untergrunds ist der Okkultismus im Vormarsch, sondern bis in die „seriösen" Kreise hinein. So hat letztes Jahr eine große Buchhandlung eines christlichen Verlages in unserm Land ein ganzes Schaufenster, schwarz dekoriert, mit Literatur über Parapsychologie und Okkultismus ausgelegt. Okkultismus ist erst recht Trumpf, seitdem der Film „Der Exorzist" einen Siegeszug durch die Lande angetreten hat und über 100 Millionen DM Gewinn einbrachte, so daß nun ein zweiter Teil unter diesem Thema gedreht werden soll.

Bis vor ungefähr einem Jahrzehnt geschahen alle okkulten Dinge wie spiritistische Sitzungen, Besprechungen, Verwünschen und Gebrauch fragwürdiger Heilmittel mehr oder weniger im Verborgenen. Doch heute ist der Okkultismus gesellschaftsfähig geworden, er ist aus der Verborgenheit herausgetreten und wird in aller Öffentlichkeit betätigt. Er ist für viele ein Interessengebiet geworden, mit dem sich der fortschrittliche Mensch zu beschäftigen hat.

Ja, es gilt als etwas Sensationelles und sehr Verlockendes, in diese übersinnlichen Welten einzudringen, in denen so viel Neues zu entdecken ist. Wie man sich sonst mit diesem oder jenem Hobby beschäftigte, so wenden sich heute viele voll Interesse dem Okkulten zu – zumeist ohne zu wissen und zu ahnen, daß sie damit unter eine höchst gefährliche Macht kommen, die ihr Leben hier und in Ewigkeit ins Verderben führen kann. Andere, die sich nicht von dieser „okkulten Mode" anstecken lassen, sehen all das, wie schon immer, als einen „Hokuspokus" an und nehmen es auf ihre Weise harmlos. Sie bemitleiden Menschen, die solche Dinge ernst nehmen und den „mittelalterlichen Glauben" an Satan und sein Gefolge, an Hexen und Zauberer aufrechterhalten, mit diesen Wirklichkeiten heute rechnen.

In beiden Fällen ist die Verführung Satans gelungen: Die Menschen halten seine Machenschaften für etwas Harmloses und erkennen nicht, daß er, wenn er durch Hexen und Zauberer sein Wesen treibt, Grauenhaftes anrichtet, ja durch diese Täuschungsmanöver um so mehr seine Macht über alle, die sich so „harmlos" mit ihm einlassen, ausübt.

Es ist das Typische der antichristlichen Zeit, so zeigt es die Heilige Schrift, daß dem Propheten des Antichristen Macht gegeben ist, Wunder zu tun und Menschen, die z. B. das Bild des Tieres nicht anbeten, zu töten (Offb. 13, 15). Heute stehen wir in der vorantichristlichen Zeit, und vorlaufende Geschehnisse zeigen das an. Die Tore der Hölle beginnen sich zu öffnen, weil es zum Heilsplan Gottes gehört, daß das Böse ausreift. Es ist spürbar, wie die Dämonen über die Erde fluten. Sie tun im Auftrag ihres Herrn, Satans, Wunder und Zeichen und benutzen als Werkzeuge dazu auch seine Diener in den vielen Satansbruderschaften.

Fakten darüber gibt ein junger Amerikaner in seinem Lebenszeugnis „Der Agent des Satans".[7]) Man hatte ihn auf raffinierte Weise über Drogen und Sex dazu gebracht, in eine solche Bruderschaft einzutreten. Dort stieg er dann zu höheren Rängen auf. Aber schließlich wurde er von seinen eigenen Kumpanen nach einer Überdosis von Rauschgift an den Straßenrand geworfen. Als er ganz am Ende war, fand er zum Glauben an unseren Herrn Jesus Christus. Er erzählt nun aus der Zeit vorher, wie er als ein Geweihter Satans von diesem Macht empfing. Wenn er z. B. in dessen Namen gebot, daß an einem bestimmten Platz ein Haus niederbrennen sollte oder daß ein bestimmter Mann verunglückte, geschah es.

Und dies ist nicht ein einzelnes Zeugnis von einem, der Anhänger Jesu wurde, nein, es ist z. B. aus Kalifornien als Tatsache bekannt: Wenn jemand sich eines Gegners entledigen will, findet er ohne Schwierigkeiten einen Satansdiener, der um Geld ihm den Dienst tut, Verwünschungen gegen seinen Gegner auszusprechen. Dann widerfährt demselben irgendein Unglück.

Wir sind damit in eine Zeit größter Bedrohnisse eingetreten; denn wer uns haßt, wem wir im Weg stehen, wer uns nicht gut gesonnen ist – wir mögen daran ganz unschuldig sein –, kann sehr bald jemand finden, der bereit ist, eine Verwünschung gegen uns auszusprechen, und größtes Unglück trifft uns, unsre Familie, unser Haus, unser Geschäft und was zu uns gehört.

Okkultismus ist also keine harmlose Sache, auch wenn man sich einbildet, daß man aus wissenschaftlichem Interesse darin arbeitet: Wir können uns nicht mit Satan beschäftigen, ohne daß wir ihn heranziehen, ohne daß er seinen Einfluß auf uns ausübt. Denn er lebt, ihm ist Macht verliehen; und diese Macht benützt er dazu, Menschen zu schädigen, zu quälen, ins Verderben zu bringen. In welchem Ausmaß die Menschen über der ganzen Erde heute unter dieser Bedrohung der dämonischen Machterweisung stehen, sagt uns der erste Weltkongreß der Zauberer und Hexen, der in Kolumbien im August 1975 stattgefunden hat. Zweitausend Hexen und Zauberer aus der ganzen Welt trafen sich auf diesem Kongreß, der als „ernsthaftes wissenschaftliches Ereignis" von den Organisatoren angepriesen wurde, einem Zauberer und einer Hexe aus der Stadt Bogota, wo der Kongreß stattfand. Was mag aber in den Nächten dort ausgebrütet worden sein an Aktionen, die unternommen werden sollen, um die satanische Herrschaft über Menschen und Länder auszubreiten! Auch eine Voodoo-Gruppe aus Haiti war vertreten, der es zum erstenmal erlaubt wurde, ihren gefährlichen magischen Kult außerhalb ihrer Heimat zu zelebrieren. Nächtliche Satansmessen waren auf dem Programm des Kongresses. Alle Mittel für Zauberpraktiken wurden auf einem großen Markt feilgeboten. Flugzeuge aus aller Welt brachten Interessenten für diese okkulten Dinge nach Kolumbien.

Wenn auch der Kongreß als ganzes nicht den erwarteten Erfolg hatte – nicht zuletzt, weil viele Beter auf dem Plan waren –, so bedeutete er doch eine Weltenstunde Satans, da sein Vorgehen große Macht gewann; denn bisher waren Zauberer selbst in den heidnischen Ländern auf bestimmte Gebiete beschränkt. In den christlichen Ländern konnten sie durch Jahrhunderte kaum an die Öffentlichkeit treten. Doch heute halten sie einen internationalen Kongreß und wollen ihn gesellschaftsfähig machen, indem ein Priester ins wissenschaftliche Komitee gewählt wird.

Zauberer und Hexen sind aber wirkliche Satansdiener, ihm Geweihte, denen er unter bestimmten Riten Macht verliehen hat, wenn sie sich ihm zum Dienst verschrieben haben und ihm ihr Leben aufopferten. Ein Uneingeweihter ahnt nicht, was das bedeutet. In dem Lebenszeugnis des „Agenten Satans" sagt er davon, daß Menschen bei den Satansmessen ihre Finger abhacken ließen und sie Satan als Geschenk gaben. Verschiedenste Berichte bestätigen, daß ihm dabei jedesmal Menschenblut oder Leichen geopfert wurden. Eine frühere Hexe aus England, an der aber die wunderbare, befreiende Kraft Jesu zum Sieg kam, berichtet in ihrem Lebenszeugnis: Sie war Hohepriesterin Satans, der ihr große Macht verliehen hatte. Zum Beispiel konnte sie sich unsichtbar machen und unversehrt mitten in einem großen Feuer stehen; sie konnte Vögel im Flug töten, Dinge erscheinen und verschwinden lassen. Sehr realistisch wird auch vom grauenhaften Tun der Hexen gesagt – wie sie frische Gräber öffneten, die Leichname Satan opferten, in Kirchen einbrachen, Bibeln verbrannten und alles entweihten. Im satanischen Tempel wurden unbeschreibliche Orgien gehalten mit perverser Sexualität und anderen schrecklichen Dingen.[8])

Zauberer und Hexen, Okkultismus – harmlos? Das ist

der größte Trick des Verführers. Gerade weil es das Furchtbarste ist, was es auf Erden gibt, unter seine Macht, seinen Bann zu kommen, darum muß er es verhüllen. Sonst bekäme er keine Diener und wäre nicht eine so große Schar bereit, sich ihm zu unterstellen. Er muß den Okkultismus als eine Wissenschaft proklamieren. Er muß es interessant, sensationell machen, sich mit diesen Dingen zu beschäftigen. Er muß den Menschen verlockend nahelegen, daß man dadurch klug wird und Macht bekommt. Vor allem muß er verhüllen, in welch eine Hölle die hineingeführt werden, die ihren Verstand und damit ihr Herz diesen Mächten erschließen und sich in seine Gewalt begeben.

Satan kommt darum auch hier mit der verführerischen Frage: „Sollte Gott gesagt haben, daß man sich mit diesen übersinnlichen, okkulten Dingen nicht beschäftigen darf? – Steht doch in der Bibel ‚Alles ist euer, ihr aber seid Christi'! – Alles gehört euch, ihr habt die Freiheit, euch mit allem zu beschäftigen! Wozu hat Gott euch den Verstand gegeben? Ihr sollt alles durchforschen, alles kennenlernen!" Und hat der Herr nicht immer wieder gesagt, wir sollen uns vor nichts fürchten? Wie sollte man sich vor diesen harmlosen okkulten Sachen fürchten?

Doch Gottes Wort spricht anders: „Widerstehet dem Teufel!" (Jak. 4, 7). Flieht diese Dinge; denn sie sind dem Herrn ein Greuel, wie es in 5. Mose 18 heißt: „... daß nicht jemand unter dir gefunden werde, der seinen Sohn oder Tochter durchs Feuer gehen lasse, oder ein Weissager oder ein Tagewähler oder der auf Vogelgeschrei achte oder ein Zauberer oder Beschwörer oder Wahrsager oder Zeichendeuter oder der die Toten frage. Denn wer solches tut, der ist dem Herrn ein Greuel ..." (V. 9–12). Wer sich mit diesen okkulten Dingen befaßt, darin beharrt und sich nicht davon lossagt, den bringen sie unter Satans Macht schon hier auf Erden und nach dem Tod dann in Höllenbereiche. Es nützt nichts, wenn wir sagen: Ich gehöre Jesus! Ich bin von Ihm erlöst, mir kann so etwas nicht schaden. Solche Sicherheit ist für den

Feind gerade der rechte Angriffspunkt, um uns zu Fall zu bringen. Keiner ist sicher vor dieser Verführungsmacht, sonst würde ja der Apostel Petrus nicht zu Gläubigen sagen: „Seid nüchtern und wachet; denn euer Widersacher, der Teufel, geht umher wie ein brüllender Löwe und sucht, welchen er verschlinge!" (1. Petr. 5, 8). Keiner ist also von vornherein geschützt, keiner darf sich ohne weiteres an diese Dinge heranwagen.

Was ist aber mit denen, die unschuldig und ohne daß sie mit dem Okkultismus zu tun hatten, unter satanische Verwünschungen kommen? Ist es nicht furchtbar, daß heutzutage keiner wissen kann, ob nicht über ihn eine Verwünschung ausgesprochen wird? Wenn das auch so ist, gibt es doch für uns einen sicheren Schutz: unsern Herrn Jesus Christus. Wer Ihn anruft, wird Rettung von solchen Verwünschungen erfahren. Wer in rechter Weise im Glauben an Jesus Christus als seinen Erlöser steht, kann diese Verwünschungen unschädlich machen, wenn er sich unter die Bedeckung des Blutes Jesu Christi stellt. Satan flieht, wenn er uns unter dem Kreuz Jesu sieht und wir das Blut des Lammes, das dort geflossen ist, in Anspruch nehmen. Das Blut Jesu ist Deckung vor den Angriffen des Feindes. Das hat sich immer wieder als Tatsache erwiesen.

In dem erwähnten Lebenszeugnis des früheren Satansagenten sagt der Verfasser auch davon, daß sie bei Christen mit ihren Verwünschungen nichts erreichen konnten, wenn diese ihren Glauben betätigten. Er selbst erfuhr es am eigenen Leibe nach seiner Bekehrung, als Glieder der Satansbruderschaft ihn durch Verwünschungen töten wollten. Es gelang ihnen nicht, weil er sich unter das Blut des Lammes stellte. In ähnlicher Weise geschah dies bei einem Prediger in England, gegen den jene berühmte Hexe einen Fluch ausgesprochen hatte. Sonst wirkte dieser immer, ja brachte Menschen zu Tode. Aber dieser Mann blieb unversehrt, weil er unter der Bedeckung des Blutes Jesu stand; das Kreuz Jesu Christi war das Siegeszeichen über ihm.

Unüberwindliche Macht liegt also darin, wenn wir die Kraft des Blutes des Lammes preisen. Darum heißt es, dem Feind entschlossen entgegenzutreten mit Gebetsparolen wie:

> Ich rühme Jesu Bluteskraft,
> Verwünschung Satans verliert die Macht!

> Der Name Jesus ist mein Schutz
> und bietet dem Verzaubern Trutz!

> Bedeckt bin ich*) durch Jesu Blut,
> bewahret vor des Feindes Wut.

> Mein Schutzherr bist Du, Jesus Christ,
> gebietest Satan, seiner List.

> Ja, Satan mit seinem Anschlag flieht,
> Jesus als Lamm hat ihn besiegt.

> Ihr Höllengeister habt keine Macht,
> Jesus am Kreuz rief: „Es ist vollbracht!"

Wenn wir heute zu solchem Gebet gerufen sind, dann sind wir zugleich gefordert, uns mit in den Kampf gegen die Finsternis zu begeben. Die Bewohner eines Landes, die völlig harmlos dem Feind gegenüberstehen, der angriffsbereit an den Grenzen aufzieht, werden ohne weiteres seine Beute. Wer heute nicht kampfbereit ist, erlebt Ähnliches auch im geistigen Kampf unserer Tage. Doch uns sind die Waffen bereitet. Darum: „Ziehet die volle Waffenrüstung Gottes an, damit ihr gegen die listigen Anläufe des Teufels zu bestehen vermögt. Denn wir haben nicht mit Wesen (oder Gegnern) von Fleisch und Blut zu kämpfen, sondern mit überirdischen Mächten,

---

*) Hier evtl. einsetzen: meine Familie, meine Freunde, mein Haus ...

mit teuflischen Gewalten, mit den Beherrschern dieser Welt der Finsternis, mit den bösen Geisterwesen in der Himmelswelt" (Eph. 6, 11 u. 12).

Doch nicht nur Menschen werden heute von solchen Zauberkünsten und Verwünschungen betroffen, sondern auch Häuser, ja ganze Gebiete, Felder, Brunnen, Städte unter den Bann der Finsternis gebracht. Was bedeutet es in dieser Zeit, daß wir den Namen dessen aussprechen können, der stärker ist als Satan mit all seinen Machenschaften und dem er gehorchen muß, unter dem er steht: Jesus! Jetzt heißt es, das zu tun, was unsere Väter im Blick auf die Anschläge des bösen Feindes taten; sie beteten um Bewahrung:

> Ihr Höllengeister, packet euch, / hier habt ihr nichts zu schaffen; / dies Haus gehört in Jesu Reich, / laßt es nur sicher schlafen! / Der Engel starke Wacht / hat es in guter Acht, / ihr Heer und Lager hält ihm Schutz; / drum sei auch allen Teufeln Trutz![9])

Jetzt ist es an der Zeit, daß auch wir um Bewahrung beten, weil wir diese Mächte ernst nehmen und uns vor ihnen abschützen mit einem Gebet wie:

> Bewahre unser Haus und Land
> durch Deine gnädige Jesushand.
> Dein heilges Blut sei hier der Schutz
> und biet des Feindes Anschlag Trutz!
> Dein Kreuz das Siegeszeichen ist,
> daß Satan flieht, Herr Jesus Christ.
> Es steh über dem Haus und Land,
> daß sie als Dir geweiht erkannt.
> Dein Jesus-Name sei die Macht,
> durch die Haus, Land und Seel bewahrt!

Heute gilt es, treu um solche Bewahrung zu beten. Denn mehr als in andern Zeiten geht Satan umher wie ein brüllender Löwe, um alles zu schädigen, um die Menschen zu quälen und zu vernichten, was ihnen in der Schöpfung Gottes an Früchten, an gutem Wasser und anderem gegeben wurde. Doch der Feind muß respektieren, wo solche Gebete Tag für Tag gen Himmel steigen und Haus und Feld, der Ort und die Seelen unter Jesu Blut und Seinen Namen und Sein Kreuzeszeichen gestellt werden. Ja, ähnlich den Tafeln mit Psalmworten und Liedversen, die vielerorts in der schönen Schöpfung Gottes angebracht sind, um als Lobpreistafeln Menschen aufmerksam zu machen, Ihm die Ehre zu geben, könnte man Tafeln als Zeichen für die Siegermacht Jesu setzen, auf denen Worte stehen wie:

„Sie haben Satan überwunden durch des Lammes Blut" (Offb. 12, 11).

> Im Namen Jesu und durch des Lammes Blut
> sei diese Stätte bewahrt vor Satans Wut.
> In Jesu Kreuz ist Sieg, ist Macht,
> wodurch der Feind zu Fall gebracht.

Seine Anschläge werden auch durch solche Worte und Zeichen zunichte gemacht, und Engel Gottes werden Menschen, Stätten und Kreaturen bewahren helfen.
Wie wohl in kaum einer Zeit vorher können wir heute ermessen, was es für uns bedeutet, daß Jesus Sein Blut für uns auf Golgatha vergoß. Wir erleben die Macht Jesu, des Lammes Gottes, und Seines Blutes wie kaum je zuvor in unserer Zeit, in der Ungläubige diesen furchtbaren Angriffen Satans und seiner Diener ausgeliefert sind. Darum ist heute die Zeit der Anbetung des Lammes gekommen, von der wir gerade in der Offenbarung, dem Buch für die Endzeit, so viel lesen. Je mehr wir also das Lamm anbeten, Seine Wunden und Sein Blut rühmen, um so mehr kommen wir unter Seinen Schutz vor allen Angriffen und Verführungen des Bösen.
Wenn wir Jesus anbeten, geben wir ja dem die Ehre, der

Herr und Gebieter über alle Finsternismächte ist – als solcher erweist sich dann Jesus. Denn Satan ist ein Geschöpf, ein abgefallener Engel; er muß sich deshalb dem Willen Gottes beugen und fürchtet sich, wenn der Name Jesu Christi genannt wird. Er muß weichen, wenn die Kraft des Blutes Jesu Christi gerühmt wird. Jesus sagt: „Ich habe euch Macht verliehen über das ganze Heer des Widersachers, und keinen Schaden wird es euch irgendwie zufügen können" (Luk. 10, 19). Wir brauchen uns also nicht zu fürchten und nicht zu verzagen, auch wenn heute Flüche und Verwünschungen ausgesprochen werden. Einer ist allein allmächtig, und alles ist Ihm unterworfen, Jesus Christus. Doch nur dann wird das Anrufen Jesu und das Rühmen Seines Blutes Macht haben, wenn keine unvergebene Schuld und unbereinigte Sünde da ist, die Satan ein Anrecht an uns geben. Wer aber im Lichte wandelt, d. h. seine Sünde bekennt und davon umkehrt, dem ist sie vergeben. Dann hat es Wirkung, wenn wir Jesus anrufen und Sein erlösendes Blut in Anspruch nehmen.

Der Weg zum Überwinden
in der Verführung unserer Zeit

In der Heiligen Schrift ertönt einmal ein Lobpreis über
jene, die in der Endzeitstunde der Verführungen und
Versuchungen überwunden haben. Diese Aussage zeigt
uns auch den Weg, w i e wir überwinden können: „Du
hast an meinem Wort festgehalten und meinen Namen
nicht verleugnet. Weil du das Wort vom standhaften
Warten auf mich bewahrt hast, will auch ich dich bewahren in der Stunde der Versuchung, die über den ganzen Erdkreis kommen wird, um die Bewohner der Erde
zu prüfen" (Offb. 3, 8 b u. 10).
Die Zeit der großen Verführung ist zugleich eine Zeit der
Versuchung, der Prüfung, in der alles darauf ankommt,
ob wir diese Prüfung bestehen. Schon im menschlichen
Bereich hängt viel davon ab, zum Beispiel die Karriere
eines jungen Mannes für sein ganzes späteres Leben, ob
er ein Staatsexamen besteht oder nicht, ob er auf diesem
und jenem Gebiet bei der Prüfung durchfällt oder sie besteht. Entweder sind alle Türen für ihn offen – oder alle
Chancen verspielt.
Aber hier geht es um eine Prüfung, deren Folgen, je
nachdem, ob wir sie bestehen oder nicht, für unser ewiges
Schicksal von entscheidendster Bedeutung sind. Ein Nicht-
bestehen in der Stunde der großen Verführung heute läßt
uns einst die Himmelstür verschlossen finden. So gilt es
heute, ernst und verpflichtend zu nehmen, was Jesus als
d i e Voraussetzung sagt, daß wir in den Verführungen
und Versuchungen überwinden können: „Du hast an
meinem Wort festgehalten." Das heißt, du hast unbeirr-
bar an Gottes Wort, an Seinen Willenskundgebungen
festgehalten, an dem, was Gott als gut und was Er als
schlecht bezeichnet, und hast Sein Gebot befolgt.
Wenn wir Sein Wort und Gebot respektieren und danach

tun, weil dies unser alleiniger Maßstab ist und nicht das, was heute als Maßstab gesetzt wird, ist uns damit die Möglichkeit gegeben, den Verführungen zu widerstehen. Dann werden wir sie auch sofort erkennen, weil das, was uns in unserer Zeit als Maßstab angeboten wird, den Maßstäben widerspricht, die Sein Wort gegeben hat. Wer sich noch zur christlichen Gemeinde hält und Sein Wort kennt, kann darum wissen, was Verführung ist, weil uns durch die Gebote Gottes und die ganze Heilige Schrift klare Maßstäbe gegeben sind. Er ist nicht den Verführungen preisgegeben.

Gott hat uns also in Seiner Liebe ein Fundament gegeben, das nie wankt, und das ist Sein Wort, Seine Willenskundgebung, Sein Gebot. Wer sich auf dies Fundament stellt, steht fest – wird nicht hin und hergezogen, wenn heute alles andere als der richtige Weg, der Maßstab, die Möglichkeit zu einem sinnerfüllten, befreiten Leben, zu einer neuen Welt gezeigt wird. Ein Zeichen, daß wir auf diesem Fundament stehen, ist, ob unser Herz voll Freude und Dank über das Wort Gottes, Seine Gebote ist, wir in den Lobgesang des Psalmisten aus Psalm 119 einstimmen: „Deine Zeugnisse sind mein ewiger Erbbesitz und die Wonne meines Herzens ... Darum liebe ich deine Gebote mehr als Gold und Feingold. Darum schätze ich alle deine Befehle als richtig ... Wunderwerke sind deine Zeugnisse, darum hält mein Herz an ihnen fest ... Der ganze Inhalt deines Wortes ist Wahrheit, und ewig gilt jede Verordnung deiner Gerechtigkeit ... Frieden in Fülle erlangen die Freunde deines Gesetzes ..." Weil Sein Wort halten aber heißt, danach zu tun, sagt der Psalmist: „Meine Aufgabe ist, o Herr, ich bekenne es, deine Worte zu befolgen."

Jesus zeigt dem Vorsteher der Gemeinde in Philadelphia, worin das Festhalten und Befolgen Seines Wortes besteht: „Du hast meinen Namen nicht verleugnet." Das ist der weitere Weg, in den Verführungen der Endzeit zu überwinden: den Namen Jesus zu bekennen, in dem Macht ist. Heute heißt es, mehr denn je Jesus so zu bekennen, wie Ihn uns die Heilige Schrift bezeugt: Es ist der Jesus, der am Kreuz unsere Sünden auf sich genommen und ausgerufen hat: „Es ist vollbracht!" – der Macht und Gewalt im Himmel und auf Erden hat. Es ist der Jesus, den noch alle Völker anbeten werden, der als Siegesheld Satan überwunden hat. Heute müssen wir aufstehen dagegen, wo dieser Name Jesus verleugnet wird. Dann werden wir den Verführungen nicht anheimfallen. In diesem Namen allein ist Heil, ist Heilung, Kraft und Sieg. Wenn wir die Verführung erkennen, uns aber schwach fühlen und nicht von uns aus die Kraft haben zu überwinden, dann können wir diesen Jesus-Namen anrufen.

Blumhardt hat die Macht finsterer Dämonen, die sich in einem Glied seiner Gemeinde in Scharen niedergelassen hatten, bezwungen, indem er unentwegt immer wieder diesen Namen im Kampf gegen Satan ausgerufen hat: Jesus, Jesus, Jesus ist Sieger! Ebenso müssen wir rühmen: Jesus ist Sieger! Es weiche die Macht der Verführung! Es ist eine Wirklichkeit, daß Satan vor diesem Namen Jesus, der Sünder rettet, zurückscheut, weil dadurch, daß Gottes Sohn auf die Erde kam und den Kampf gegen Satan und Sünde siegreich bestanden hat, Satans Macht zerbrochen ist.

Diesen Siegernamen Jesus als Waffe zu gebrauchen, heißt aber, in einen Kampf einzutreten, wie es auch Blumhardt erlebt hat. Es ist nicht damit getan, einmal zu sagen: Jesus! oder: Jesus ist Sieger! Wenn wir von den verschiedenen Verführungen unserer Zeit angefochten sind und spüren, wie Satan um uns tobt und uns fesseln will, wie wir keine Macht haben, aus den Verführungen herauszukommen, dann gilt es, im Maße wie Satan um uns kämpft, nun im Namen Jesu gegen ihn zu kämpfen. Und dazu können Gebetsparolen helfen wie:

Jesu Nam vor Satan gilt,
er ist gegen die Verführung Schild.
Jesu Nam allmächtig ist,
vor ihm zerbricht des Satans List.

Der Sieg Jesu steht fest, auch für mein Leben, wenn ich nicht müde werde in diesem Kampf und immer neu bete: „Jesus, in Deinem Heilandsnamen und in Deinem vergossenen Blut ist der Sieg, daß weichen müssen die mich bedrängenden dunklen Gewalten von unten. Jesus, Du Siegesheld, Du hast sie bezwungen. Halleluja! Ihr Recht und Anspruch auf mich ist verloren." *) Erlebe ich dann vielleicht zuerst manche verlorene Schlacht, so steht doch der Endsieg fest. Dieser Endsieg gehört unserem Herrn Jesus Christus.

So triumphiert der Jesus-Name über allen Machenschaften des Feindes als der Siegername. Jeder Gläubige erprobt es, wenn er anfängt zu rühmen: Im Namen Jesus ist die Macht, Er lebt, Er siegt. Wo dieser Name ausgesprochen wird, fallen Sündenketten, weicht Satan mit seinen Verführungen. Der Name Jesus ist Schutz vor allen seinen Anschlägen, wenn wir immer wieder solche Worte sagen wie: Dein Name, Jesus, gilt! Dich, Jesus, bekenne ich als den Gekreuzigten, den Auferstandenen und wiederkommenden König aller Könige voll Glorie und Majestät – und nicht einen „anderen" Jesus.

Jeder „andere" Jesus – wie er etwa in „Godspell" und „Superstar" gezeigt wird – ist Verführung; denn hier wird der wahre Jesus verleugnet, von dem geschrieben steht, daß in Seinem Namen sich alle Knie beugen müssen, die im Himmel und auf Erden und unter der Erde sind (Phil. 2, 10). In „Godspell" und „Superstar" beugt sich kein Knie in Wahrheit vor diesem allmächtigen Herrn, durch den Satan und Hölle bezwungen sind und dessen Name Jesus durch alle Himmel strahlt. Diesen schönsten, gewaltigsten und doch süßesten Namen für alle, die Ihn lieben, haßt Satan und will ihn erniedrigen. Er will ihn seines Inhaltes berauben, indem er das zerstört, was dieser Name aussagt. Ein Name sagt immer vom Wesen seines Trägers aus, hat eine bestimmte Be-

*) Siehe M. Basilea Schlink, Im Namen Jesu ist die Macht, S. 12.

deutung. Der Name Jesus hat die Bedeutung: starker Erlöser, der von Sünden errettet und selig macht. „Du sollst ihn Jesus nennen, denn er wird sein Volk selig machen von ihren Sünden" (Matth. 1, 21). Jedes Annehmen und Anhören des Namens Jesus in einer anderen Deutung, in einem Zusammenhang, wodurch dieser Name entehrt, erniedrigt, ja geschändet wird, ist schon eine Verleugnung, vor der wir uns heute mehr denn je zu hüten haben. Darum wird dem Vorsteher der Gemeinde von Philadelphia für die Endzeit gesagt: „Ich will dich bewahren vor diesen Verführungen, vor diesen Versuchungen, die über den ganzen Erdkreis kommen sollen, um die Bewohner des Erdkreises zu prüfen, weil du meinen Namen nicht verleugnet hast."

Verführungen sind gegeben – so sagt dieses Wort aus den Sendschreiben – als Prüfung. Und wunderbar ist es, wenn einer eine Prüfung bestanden hat. Das ist schon im menschlichen Bereich große Freude – es wird gefeiert. Wieviel mehr bei dieser Prüfung, bei der es um Ewiges geht! Jesus sagt von dem, der solche Prüfung bestanden hat: Nun wird der Name Gottes auf ihn geschrieben (Offb. 3, 12). Warum? Weil er vorher diesen Namen nicht verleugnet, sondern ihn bezeugt, ihn als Waffe gebraucht und den Angriffen des Feindes entgegengesetzt hat. Ja, er hat an diesem Namen und damit an den Geboten Gottes festgehalten, sie als Maßstab genommen und danach getan. Auf solche Überwinder wird nun der Herr „den Namen seines Gottes und des neuen Jerusalem" schreiben. Dann wird er für ewig wohnen dürfen in der Gottesstadt bei Jesus Christus.

Doch wehe, wer heute den Namen Jesu verleugnet, Seinem Erzfeind und dessen Verführungen verfällt, während Satan jetzt auf der Erde herrscht! Nach dieser kurzen Zeit der endzeitlichen Verführungen, die über den ganzen Erdkreis kommen, erscheint zuletzt Jesus und übernimmt endgültig die Macht und Herrschaft über alle Welt. Dann wird jeden, der den Verführungen Satans nachgab, furchtbares Gericht ereilen, besonders die Gläubigen, die Abgefallenen, die Jesu Namen verleugneten und sich nicht an Seine Gebote hielten. Nun wird Jesus ihren Namen vor Gott und den Engeln verleugnen, das heißt Er wird sagen: „Ich kenne euch nicht! Weicht alle von mir, ihr Übeltäter!" (Matth. 7, 23).

Jesu Liebe verlangt aber danach, daß wir gerettet werden aus Satans Verführung und einst bei Ihm seien in Seiner Herrlichkeit, mit Ihm vereint leben in größter Glückseligkeit. Darum ruft Er in den Sendschreiben immer wieder auf: „Wer überwindet ...", und das heißt: Wer den Kampf des Glaubens kämpft unter Anrufen des Namens Jesus und sich scheidet von der Sünde durch Jesu Siegesmacht, der soll alles ererben – die Krone und den Thron, das weiße Kleid und das Bürgerrecht in der Stadt Gottes, der Stadt des Friedens und der ewigen Freude. Welch glückseligen Einzug wird es dann am Ende des Lebens geben, wenn die Überwinder heimkehren und durch die Perlentore in die goldene Stadt eingehen! Unaussprechliche Herrlichkeit hat Jesus in Seiner Liebe bereitet denen, die Ihn lieben und Seinem Ruf folgen: „Komm, folge Mir nach!" und das taten, was der Herr den Gläubigen in der Endzeit als Parole zuruft: „treu zu bleiben den Geboten Gottes und dem Glauben an Jesus" (Offb. 14, 12 b).

Quellen

[1]) Prof. Dr. Jürgen Winterhager DD, Die Umwälzung der Ökumene, Witten 1974, S. 7

[2]) Bob Larson, What's Wrong with Rock and Roll, Denver 1971, S. 4, 5 und 10

[3]) DER SPIEGEL, 12. 5. 1975

[4]) Magazin The Flame, Southport, Lancs., Mai/Juni 1975

[5]) Aufbruch, Evang. Kirchenzeitung für Baden, 18. 11. 1973

[6]) idea, Wetzlar, 11. 8. 1975

[7]) Mike Warnke, The Satan-Seller, Plainfield, NJ 1972 deutsch: Der Agent des Satans, Erzhausen 1973

[8]) Doreen Irvine, From Witchcraft to Christ, London 1973

[9]) Christian Scriver, 1629–1693, Der lieben Sonne Licht und Pracht..., Vers 6, nach Gesangbuch für die Evang.-Luth. Kirche in Bayern 1932

Im gleichen Verlag erschienen in der Reihe „Wort zur Stunde"
von M. Basilea Schlink:

KURZ VOR DER WELTKATASTROPHE
Bedrohung und Bewahrung
„An Hand eines umfangreichen Tatsachenmaterials bringt
M. Basilea Schlink den Ernst unserer Lage zum Bewußtsein.
So bestürzend die ersten Teile sind, so trostvoll ist das Ende
– nicht im Sinn einer innerweltlichen Besserung oder gar Ab-
wendung der Katastrophe, sondern einzig und allein im Hin-
blick auf Christus."   Leserstimme
120. Tsd.   64 Seiten   geh.

KURZ VOR DER CHRISTENVERFOLGUNG
Liebe will leiden
„Die Verfasserin zeigt prägnant die Angriffstrategie Satans
auf. Aber indem hierüber uns Christen schonungslos die Augen
geöffnet werden, wird zugleich mit einer bezwingenden Kraft
das Vertrauen in Christi Macht und Gnadengegenwart er-
weckt."   Bausteine
180. Tsd.   64 Seiten   geh.

UMWELTVERSCHMUTZUNG – UND DENNOCH HOFFNUNG
Wir können nicht mehr anders, als der Realität ins Auge sehen:
Zerstörung unserer Erde hat begonnen. Dieses aktuelle Wort
greift darum ein Thema auf, das heute Menschen in allen
Teilen der Erde beschäftigt und nach einem Ausweg fragen
läßt. Hier wird vom Wort Gottes her eine Lösung aufgezeigt.
250. Tsd.   64 Seiten   geh.

ZUM ERSTEN MAL, SEITDEM ES KIRCHE JESU CHRISTI GIBT
„In dieser Schrift wird der dämonische Betrug des Zeitgeistes
tiefgehend entlarvt. Sie verkündet klar den großen Ernst und
die große Erwartungsfreude, die die Zeichen der Zeit in der
christlichen Kirche schaffen möchten."   Zur dänischen Ausgabe
200. Tsd.   64 Seiten   geh.

Ergänzend zu diesem Thema:

REICHE DER ENGEL UND DÄMONEN
Aktuelle Wirklichkeit für unsere Zeit
„Eine sorgsame, fundierte Arbeit über die Engel und Dämonen, über ihre Funktionen und ihre Macht. Tröstlich, wenn wir die Engel betrachten, und erschreckend beim Gedanken an die Dämonen. Das eigene Sein wird einem gering angesichts solch gewaltiger himmlischer Machtverteilung. Noch größer aber wird einem Gott, der Herr." Wort und Tat, Kassel
20. Tsd.   176 Seiten   kart. lam.

HÖLLE — HIMMEL — WIRKLICHKEITEN
Weichenstellung heute – Entscheidung für das Leben im Jenseits
Vorfreude, zugleich auch Angstbewältigung und „erste" Liebe zu Jesus will uns diese Schrift vermitteln und – zur Umkehr verhelfen.
10. Tsd.   164 Seiten   kart. lam.

IM NAMEN JESU IST DIE MACHT
Gebete und Lieder für den Kampf des Glaubens
„Viele Male ist mir durch dies Büchlein geholfen worden, wenn ich im Vertrauen bete, Jesu Sieg glaube und mich fest an Seine befreiende Macht halte ..." Leserstimme aus Australien
20. Tsd.   48 Seiten   geh.

7 × UM JERICHO
Lieder für den Glaubenskampf
„Die Kampflieder und Gebete vom Blut und Sieg Jesu haben großen Eingang gefunden und manche Veränderung gewirkt in unserem Gebetskreis, bei unserer Jugend, im Einzelgespräch und bei konkreten Fürbitteanliegen. Wir haben einen anderen Blickpunkt für vieles erhalten." Leserstimme
30. Tsd.   56 Seiten   geh.